Sanación con C
Reiki [2 EN 1]

El Programa a Prueba de Balas para Sanar tus
Chakras de los Bloqueos del Pasado, Elevar tu
Vibración y Despertar tu Verdadero Ser

Michelle Alcantara

Tabla de contenidos

Chakras para principiantes

Introducción..11

¿Cuáles son los chacras? 11

¿Cómo funcionan los chacras? 11

¿Por qué son importantes los chacras? 12

Beneficios de Chacra Healing 13

Capítulo 1: Raíz Chacra - Muladhara **15**

Sobre el chacra..15

Los síntomas de la obstrucción 15

La identificación de chacra raíz bloqueado...................16

El balance de su chacra de la raíz 16

La curación de su chacra de la raíz..................................18

Capítulo 2: chacra sacro - Svadhisthana **21**

Sobre el chacra..21

Los síntomas de la obstrucción 21

La identificación de chacra sacro bloqueado 22

Equilibrar su chacra sacro...22

La curación de su chacra sacro...25

Capítulo 3: chacra del plexo solar - Manipura...............**27**

Sobre el chacra..27

Los síntomas de la obstrucción 27

La identificación bloqueado chacra del plexo solar......27

El balance de su chacra del plexo solar..........................28

La curación de su chacra del plexo solar 30

Capítulo 4: Corazón Chacra - Anahata..............................**32**

Sobre el chacra..32

Los síntomas de la obstrucción 32

La identificación de chacra del corazón bloqueado......32

El balance de su chacra del corazón 33

La curación de su chacra del corazón 35

Capítulo 5: Garganta Chacra - Vishuddha **37**

Sobre el chacra..37

Los síntomas de la obstrucción 37

La identificación de chacra de la garganta bloqueada 37

El balance de su chacra de la garganta 38

La curación de su chacra de la garganta..40

Capítulo 6: Tercer ojo Chacra - Ajna **42**

Sobre el chacra..42

Los síntomas de la obstrucción 42

La identificación bloqueado chacra del tercer ojo 43

El balance de su chacra del tercer ojo..43

La curación de su chacra del tercer ojo..46

Capítulo 7: Corona Chacra - Sahasrara **48**

Sobre el chacra..48

Los síntomas de la obstrucción 48

La identificación de chacra de la corona bloqueado 48

El balance de su chacra de la corona 49

La curación de su chacra de la corona 51

Capítulo 8: La meditación Chacra..**53**

Siete meditaciones del chacra..53

Consejos para la meditación..55

Capítulo 9: Reiki Chacra...**58**

¿Qué es el Reiki?...58

aura lectura 59

Sanación espiritual...60

Capítulo 10: usos cotidianos de los cristales de Chacra............................**62**

Piedras diferentes para diferentes chacras..62

Los consejos generales de cristal...66

**Capítulo 11: Meditación guiada - cómo meditar
correctamente** **68**

Capítulo 12: La atención plena y la positividad...**71**

Atención plena..71

positividad 72

**Conclusión: El aumento de sus vibraciones para emitir
energía**..**75**

Reiki

Introducción **81**

Capítulo 1: ¿Qué es el Reiki y cómo funciona? **82**

Reiki 101 82

¿Cómo funciona Reiki? 83

9 señales de que tu alma necesita Reiki 83

El misterio de Reiki 84

Filosofía Reiki 85

Psicología del Reiki 86

Reiki Esoterismo 86

Reiki es un viaje 87

Los 5 Principios del Reiki 87

Cómo aprender Reiki 88

Capítulo 2: ¿Cuáles son los beneficios y límites de Reiki? **90**

Reiki para todas las etapas de la vida 91

Reiki durante el embarazo 91

Reiki para niños 91

Sintonizando niños 91

Reiki para personas mayores 92

Reiki y mascotas 92

Haters y escépticos 93

Reiki responde de forma única a cada individuo 93

Creencia y receptividad 94

Reiki beneficia a todos 94

Tratamiento de las causas profundas 95

Beneficios de Reiki 95

Capítulo 3: Los 3 pilares del Reiki Moderno **97**

Gassho - La nueva A 100

Reiji-Ho 101

Chiryo - Los nuevos abandonos 102

Capítulo 4: Símbolos de Reiki y sus usos únicos **104**

Cho Ku Rei: El símbolo de poder 104

Cómo/Cuándo Usar Cho Ku Rei 105

Sei He Ki: El símbolo de la armonía 106

Cómo usar Sei He Ki 106

Hon Sha Ze Sho Nen: El símbolo de distancia...107

Cómo utilizar Hon Sha Ze Sho Nen 107

Dai Ko Myo: El símbolo maestro 108

Cómo usar Dai Ko Myo...108

Raku: El símbolo de finalización...109

Cómo usar Raku 110

Cómo usar múltiples símbolos de reiki a la vez..110

Capítulo 5: Reiki y los elementos **112**

Aire..113

Fuego...113

Tierra...114

Agua..115

¿Cómo podemos usar la energía de los elementos?..................................116

Incorporación de piedras y elementos 117

Tierra...117

¿Qué hacer a continuación? 118

Agua..119

Fuego...120

Aire..121

Capítulo 6: Uso de cristales en Reiki..**124**

Cristales de roca 125

Amatistas..126

Fluorita 126

Cuarzo Rosa 127

Cuarzo ahumado...127

El uso de cristales en la práctica de Reiki 128

Limpieza de cristales 128

Métodos de uso de cristales 128

Capítulo 7: Uso de energía y activación de Chacras............................**130**

La técnica de la biografía curativa 132

Ejercicios de activación de Chakra 134

EJERCICIO 1 135

EJERCICIO 2 135

EJERCICIO 3 136

EJERCICIO 4 137

EJERCICIO 5 138

TODO O NADA...140

Capítulo 8: Uso de Reiki en ti mismo **142**

Posiciones de mano para la curación 143

Horario de las sesiones de tratamiento..144

Cómo llevar a cabo una sesión de Reiki 145

Inicio de una sesión de Reiki:...145

Sesión de Reiki en sí 146

Finalización de la Sesión de Reiki 147

Capítulo 9: Uso de Reiki en otros **149**

Dónde llevar a cabo una sesión 149

Duración de la sesión 150

Reiki para niños...150

Reglas básicas para el uso de las manos..151

Capítulo 10: Sanación física..**154**

Ubicaciones generales de las manos 155

Ubicaciones de manos para trastornos funcionales del sistema nervioso156

Ubicaciones de manos para trastornos respiratorios funcionales 157

Posiciones de las manos para trastornos funcionales digestivos...............158

Ubicaciones de manos para trastornos funcionales del sistema
cardiovascular 159

Ubicaciones de manos para trastornos metabólicos funcionales y de la
sangre...160

Trastornos funcionales genitourinarios...160

Heridas de cirugía y trastornos funcionales de la piel 161

Enfermedades ginecológicas 161

Capítulo 11: Sanación mental, emocional y espiritual **163**

Obstáculos al crecimiento espiritual 166

¿Qué se debe aprender para superar con éxito los obstáculos?.................167

Conclusión..**168**

Referencias **170**

Chakras para principiantes

La guía definitiva para equilibrar y sanar tus chakras. Meditación guiada de atención plena para abrir tu tercer ojo e irradiar energía positiva a través de las enseñanzas de reiki [Chakra for Beginners, Spanish Edition]

Michelle Alcantara

Tabla de contenidos

Introducción..11
¿Cuáles son los chacras? 11
¿Cómo funcionan los chacras? 11
¿Por qué son importantes los chacras? 12
Beneficios de Chacra Healing 13
Capítulo 1: Raíz Chacra - Muladhara................................**15**
Sobre el chacra..15
Los síntomas de la obstrucción 15
La identificación de chacra raíz bloqueado............................16
El balance de su chacra de la raíz 16
La curación de su chacra de la raíz...18
Capítulo 2: chacra sacro - Svadhisthana **21**
Sobre el chacra..21
Los síntomas de la obstrucción 21
La identificación de chacra sacro bloqueado 22
Equilibrar su chacra sacro..22
La curación de su chacra sacro..25
Capítulo 3: chacra del plexo solar - Manipura................**27**
Sobre el chacra..27
Los síntomas de la obstrucción 27
La identificación bloqueado chacra del plexo solar 27
El balance de su chacra del plexo solar..................................28
La curación de su chacra del plexo solar 30
Capítulo 4: Corazón Chacra - Anahata.............................**32**
Sobre el chacra..32
Los síntomas de la obstrucción 32
La identificación de chacra del corazón bloqueado...............32
El balance de su chacra del corazón 33
La curación de su chacra del corazón 35
Capítulo 5: Garganta Chacra - Vishuddha **37**
Sobre el chacra..37
Los síntomas de la obstrucción 37
La identificación de chacra de la garganta bloqueada 37
El balance de su chacra de la garganta 38
La curación de su chacra de la garganta.................................40

Capítulo 6: Tercer ojo Chacra - Ajna **42**
Sobre el chacra 42
Los síntomas de la obstrucción 42
La identificación bloqueado chacra del tercer ojo 43
El balance de su chacra del tercer ojo 43
La curación de su chacra del tercer ojo 46

Capítulo 7: Corona Chacra - Sahasrara **48**
Sobre el chacra 48
Los síntomas de la obstrucción 48
La identificación de chacra de la corona bloqueado 48
El balance de su chacra de la corona 49
La curación de su chacra de la corona 51

Capítulo 8: La meditación Chacra **53**
Siete meditaciones del chacra 53
Consejos para la meditación 55

Capítulo 9: Reiki Chacra **58**
¿Qué es el Reiki? 58
aura lectura 59
Sanación espiritual 60

Capítulo 10: usos cotidianos de los cristales de Chacra **62**
Piedras diferentes para diferentes chacras 62
Los consejos generales de cristal 66

**Capítulo 11: Meditación guiada - cómo meditar
    correctamente** **68**

Capítulo 12: La atención plena y la positividad **71**
Atención plena 71
positividad 72

**Conclusión: El aumento de sus vibraciones para emitir
    energía** **75**

Introducción

¿Cuáles son los chacras?

Hay más en este mundo de lo que parece a simple vista-más en la vida, la salud y la felicidad.

Para la gran mayoría de la gente la historia humana, entendieron que vivían en un mundo dual. No era el mundo de la materia que pudieran ver con sus ojos, tocar con sus manos, y el gusto con sus lenguas. Pero también comprendieron que había algo más allá del mundo físico, un reino que podían sentir en lo más profundo de su ser. Era una zona que estaba fuera del mundo de la experiencia normal, y, sin embargo, de alguna manera más real en momentos que el mundo de los siete sentidos.

Este mundo más allá de la física se conoce como el mundo de la energía o espíritu. No es un universo paralelo que está desconectado de la realidad física, sino más bien como otra capa de la realidad que se encuentra en la cima del mundo que vemos e interactúa con él en algunos aspectos muy importantes.

Los chacras son los puntos en los mundos físico y espiritual se unen. Se conectan su cuerpo espiritual a su cuerpo físico, y conectan sus energías espirituales con las energías del universo que le rodea.

La palabra chacra proviene del sánscrito, una de las lenguas antiguas e influyentes del mundo. La raíz de la palabra exacta es chacra, lo que significa rueda ("Chacra"). Cualquiera que haya estudiado el budismo reconocerá la rueda como símbolo para el eterno fluir de la energía de la vida. Así que tiene sentido que la palabra se convertiría en un término para los "órganos espirituales" que faciliten el flujo de energía entre nosotros y el universo que nos rodea.

Sé que mientras que algunos de ustedes aceptar estas explicaciones también entiendo que otros serán más escépticos. Vivimos en una época de materialismo, donde las personas se les enseña que la materia es todo lo que hay y que no puede creer lo que no vemos con nuestros ojos. Pero si se estudia la vanguardia de la ciencia verá que comparte más en común con la visión del mundo espiritual que cualquier escéptico que adivinar.

La física cuántica nos enseña que no hay ninguna barrera entre la materia y la energía (Strassler). Stephen Hawking cree que los agujeros negros podrían ser utilizados para los viajes entre dimensiones paralelas (Griffin). Y los estudios han demostrado que la gran mayoría de la materia en el universo es completamente desconocida para la ciencia humana (Verlinde). Esta materia oscura es la última señal de advertencia para cualquier persona que pueda creer que la ciencia física por sí sola nunca podría explicar todo lo que existe.

¿Cómo funcionan los chacras?

La energía está en constante movimiento. Está constantemente fluye en nuestro cuerpo, de nuestro cuerpo, y dentro de nuestros cuerpos. Este flujo de energía es la esencia de la vida.

Pero mientras que la energía es esencial para la vida, no todas las energías están sanas. Parte de la energía es tóxico. A veces generamos energías tóxicas nosotros mismos y a veces entra en nosotros desde el mundo exterior. En cualquiera de los casos, los chacras no sólo actúan como puertas a través del cual los flujos de energía, sino que también ayudan a limpiar las energías que pasan a través de nosotros. Saludable y chacras claras limitan el flujo de lo negativo, tóxicas, y las energías destructivas al tiempo que maximiza el flujo de energías positivas, saludables y constructivas.

Puede comparar los chacras a ciertos órganos en el cuerpo físico. Piense en cómo el hígado filtra los materiales tóxicos por lo que no se propagan a través de nuestro cuerpo y nos destruyen. Ofrece un nivel básico de protección, pero sus habilidades pueden ser vencido si se siente abrumado o dejar que se deteriore.

Lo mismo ocurre con sus chacras. Si se toma en energías negativas más rápido que sus chacras puede tratar con ellos, entonces pueden surgir problemas graves. Sus energías espirituales serán arrojadas fuera de equilibrio, dando lugar a una serie de riesgos emocionales, espirituales, e incluso físicas.

Es importante entender que los chacras son tan importantes para su bienestar como órganos como los pulmones o el hígado. Pero mientras la mayoría de la gente sabe las cosas básicas que necesitan para hacer para cuidar de su cuerpo físico permiten que su ser espiritual a las caries. Esto puede ser una razón por la que muchas personas se sienten espiritualmente modernas sin cubrir en a pesar de que nunca ha habido un mayor nivel de riqueza material.

¿Por qué son importantes los chacras?

Para entender la importancia de los chacras debemos reiterar el hecho de que existe vida en dos dimensiones, lo físico y lo espiritual. Los chacras actúan como puertas de enlace entre nuestros cuerpos físicos y espirituales. Conectan la materia que vemos con nuestros ojos a la energía que nos sentimos por dentro.

Al igual que nuestros cuerpos físicos son impactados por el entorno físico que nos rodea, nuestro ser espiritual se ven afectados por las energías que nos rodean. Desde nuestros chacras son la puerta de entrada entre lo espiritual y lo físico, que son especialmente susceptibles a las influencias negativas que pueden venir desde fuera de nosotros, o desde dentro de nosotros.

Una vez que entienda la dualidad de la naturaleza se puede apreciar el hecho de que la salud espiritual es tan importante como la salud física. Si sólo se toma el cuidado de su cuerpo físico, pero ignora su yo espiritual, entonces usted se está dejando abierto a todo tipo de problemas. Es como alguien que mira en el espejo y no asume que son saludables porque no ven ningún signo de enfermedad. Ahora sabemos que algunas de las enfermedades más mortales pueden desarrollar fuera de la vista del ojo desnudo. Imagínese la podredumbre espiritual que puede ocurrir si alguien no se ocupa de las energías básicas de la vida que los sostienen.

Beneficios de Chacra Healing

Si usted tiene un problema físico debe consultar a un profesional médico capacitado. Ellos le ayudarán a buscar signos de enfermedad física y se le indica sobre la forma de cuidar de su cuerpo físico.

Nada en este libro se pretende sugerir que los médicos y la medicina deben ser evitados. El punto es que hay diferentes tipos de curación. El mundo está lleno de personas que parecen tener cuidado perfecto de sus cuerpos, sino experimentar todo tipo de problemas emocionales y espirituales. Los traumas personales de los deportistas de élite que han dedicado sus vidas a sus cuerpos es una prueba de que debe haber algo más para vivir una vida plena y completa.

Chacra de la curación de las direcciones de muchas preocupaciones que la sociedad moderna no se ocupa. En un mundo que puede ser asquerosamente materialistas, la curación chacra nos llama a mirar más allá de las trampas de la esfera física.

Asimismo, si bien la curación chacra se ocupa principalmente de abordar los asuntos espirituales, eso no quiere decir que no puede afectar nuestra salud física. La ciencia ha demostrado que existe una relación entre la forma en que pensamos y lo que sentimos. Si usted entiende que el reino mental es un mundo de energía, íntimamente relacionado con nuestro espíritu, a continuación, se puede ver cómo la mejora de su salud espiritual puede mejorar su salud física.

La limpieza de sus chacras crea un flujo más positivo de energía. Que la energía fluya conduce a patrones de pensamiento positivo. Reacciona el cuerpo a que el pensamiento positivo con el aumento de la energía y la vitalidad.

La curación espiritual hay reemplazo para el tratamiento médico normal, pero un sinnúmero de personas en todo el mundo ha descubierto que pueden vivir vidas más felices y saludables a través de una combinación de tratamientos de salud física y espiritual.

En este libro vamos a ver en los siete chacras principales que cada ser humano posee. Vamos a aprender lo que cada chacra, signos a tener en cuenta cuando pueden surgir problemas con un chacra, y los pasos que puede tomar para limpiar cada chacra y restaurar el equilibrio.

Por favor, comprenda que este libro está diseñado para proporcionar una comprensión básica de estos asuntos. El estudio de la salud espiritual puede ser tan involucrados y en profundidad como el estudio de la salud física.

Pero todo el mundo tiene que empezar en alguna parte y una vez que estás equipado con la información contenida en estas páginas que estarán mejor preparados que la mayoría de las personas para hacer frente a las luchas espirituales que pueden suceder a cualquiera de nosotros.

Capítulo 1: Raíz Chacra - Muladhara

Sobre el chacra

El primer chacra vamos a tener en cuenta es el Muladhara, también conocida como la raíz o chacra de la base. El nombre proviene de la "mula", palabras en sánscrito que significa raíz, y "adhara", es decir base. Por lo que es la raíz y la base chacra. Se le dio este nombre debido a que se encuentra alrededor de la raíz de la columna vertebral, que también puede ser entendida como la raíz del cuerpo físico. Esto se cree que es la razón por la cual el chacra raíz tiene un gran impacto en nuestra salud física y el bienestar.

Mientras que cada chacra está conectado al cuerpo, cualquier problema con el chacra de la raíz pueden tener un impacto especialmente pronunciada en nuestro sentimiento de conexión con el mundo físico. Este es un chacra que ayuda a controlar la mayoría de nuestras necesidades básicas de supervivencia y las funciones corporales y nos advierte del peligro inmediato. Cuando los tiempos se ponen peligrosas, este es el chacra que ayuda a mantenerlo vivo.

Cuando el chacra raíz está sano, ayuda a sentirse seguro. Se le conecta con la naturaleza a su alrededor y le ayuda a sentirse cómodo en su propio cuerpo. Un chacra raíz clara le dará una sensación de abundancia, que le permite mantener la calma, incluso cuando se ven amenazados con la pérdida. Cuando se equilibra el chacra de la raíz puede sentirse seguro, tranquilo y sano.

El primer chacra es que a menudo se pasa por alto, pero esto es un error. El chacra de la raíz es la base de todo el sistema de chacras, todos los otros saldos de chacra en la parte superior de la raíz. Si la raíz no está equilibrada, entonces nada más puede ser. Este chacra es el fundamento sobre el cual sus restos salud espiritual. Tratarlo en consecuencia.

Los síntomas de la obstrucción

Cuando el chacra raíz está bloqueada que puede conducir a la ansiedad, el estrés y el desprendimiento. Puede ser difícil para sentirse a gusto en el mundo físico. También es común experimentar una sensación pronunciada de la preocupación de los artículos de primera necesidad. Un chacra raíz bloqueado puede dar lugar a preocupaciones de material inminente o pérdida física.

Recuerde que este chacra regula su sentido de autoconservación. Cuando éste se bloquea por energías negativas en sus instintos naturales sanos se retuercen. En vez de usar el sentido común a tener en cuenta las amenazas graves, es posible empezar a ver peligros en todas partes. La paranoia y la ansiedad son los síntomas a tener en cuenta con. Y vive tu alma con estas emociones negativas que podría volver a sentir estresado, desconfiado, y rápido para morder a los que te rodean.

El dolor físico relacionado con el chacra de la raíz tiende a concentrarse alrededor de la base de la columna vertebral y la irradian hacia fuera. Un dolor de espalda baja o dolor es un signo común. Problemas con las caderas piernas superiores también son comunes. Por último, si usted está experimentando problemas con sus órganos reproductivos de la fuente podría ser el chacra raíz cerca, aunque se verá que esta es un área donde existe una superposición entre diferentes chacras.

La identificación de chacra raíz bloqueado

Un chacra raíz bloqueado puede manifestarse de varias maneras. En esta sección vamos a ver una lista de señales. Comparar los rasgos enumerados con el suyo propio.

- Una sensación de estar a la deriva o sin raíz
- vagos temores de pérdida de material
- preguntas persistentes acerca de la identidad personal
- Una fijación en la riqueza y los bienes materiales
- Constante falta de energía
- El gasto excesivo o un rechazo ilógico que gastar dinero
- Pérdida de la pasión romántica
- Una incapacidad para formar conexiones significativas
- piernas y / o las caderas Rígida
- La pérdida del control emocional
- El dolor de espalda
- Una incapacidad para sentir confianza
- La impotencia sexual

¿Como hiciste? ¿Usted se encontró asintiendo a lo largo de la mayor parte de esos signos o qué dejaron que la sensación de frío? Si presenta alguno de estos síntomas entonces usted debe considerar el equilibrio de su chacra de la raíz, pero si usted presenta tres o más, entonces es urgente que se tome acción.

Tratar con problemas de salud espiritual es como el manejo de problemas de salud física, más pronto podrá tomar medidas, mejor. Cuanto más tiempo se deje intimidar hacer frente a sus problemas de más difícil que será para manejar una vez que realmente tome acción.

El balance de su chacra de la raíz

Si bien hay muchas maneras de cambiar el estado de los chacras, una de las maneras más efectivas es a través de la meditación. Hay una razón por la que la meditación y prácticas como el yoga están tan atados al sistema de chacras, que fueron desarrollados en conjunto como se identificaron problemas y se encontraron soluciones.

- Encuentra una zona tranquila y clara en la que no se verá afectado durante diez minutos a media hora.
- Sentarse con las piernas cruzadas y la espalda apunta directamente hacia arriba.
- Cierra tus ojos. Ahora imagine su cuerpo. Seguir la curva de la columna vertebral de la parte superior de su cuello todo el camino hasta el cóccix. Ahora la foto de su chacra raíz como una pequeña luz roja cerca de su cóccix.
- Como se imagina el chacra, ver la forma en que se hace más grande. Siente la energía que irradia de él.
- Ahora imagina que la luz de su chacra comienza a extenderse hacia abajo en el piso de abajo. Alcanza hacia abajo en el suelo y sigue adelante. Alguna vez hacia abajo se precipita, hasta que se conecta con el núcleo de la tierra.
- Sentir la conexión se comparte, el centro de tu ser conectado con el centro de nuestro planeta. Siente fluir la energía hacia arriba desde el núcleo de la tierra en su cuerpo, entrando a través de su base y que fluye a lo largo de usted.
- Imagínese que un calor se propaga desde su base, irradiando hacia fuera como el que brillará No Eres imagen externa. Sentir la sensación de calor de la unidad con la tierra en todo su poder, majestad y la estabilidad. Reconoce que eres parte de algo mucho más grande que tú.
- Una vez que se llega a un lugar donde se siente tanto a tierra y relajado, aferrarse a la imagen en su cabeza y vivir el momento. Siente tu cuerpo, ya que se conecta con la tierra. Descansar en su confianza y seguridad para todo el tiempo que siente que necesita.
- Después de sentir que es hora de volver es posible abrir los ojos una vez más. No se mueva de forma inmediata. Mantener su posición durante un par de minutos más medida que la transición lentamente de nuevo en el mundo físico y todas sus sensaciones.
- Ponte de pie y va hacia atrás, la comprensión de que ha restaurado al menos algo de su tierra.

mantra chacra raíz

Si alguna vez has visto a alguien meditando en un programa de televisión o una película que podría haberlos oído repetir un sonido particular, mientras que lo hicieron. Mientras que los medios de comunicación a menudo no representan con precisión el verdadero espiritualismo, hay algo de verdad en esta representación. El sonido que se repite se llama un mantra. Es un sonido especial que se ha encontrado para resonar con un chacra en particular al tiempo que ayuda a enfocar sus energías mentales.

Si usted está teniendo dificultades para concentrarse durante la meditación en el chacra de la raíz, y luego considerar el uso del "LAM" sílaba a enfocar sus energías. Se puede decir alto y claro, susurro, o incluso sólo tiene que repetir en el interior de su mente. Lo importante es que lo dice en repetidas ocasiones y rítmicamente. Muchas personas repiten su mantra cada vez que exhala, como el proceso de hablar, naturalmente, empuja el aire fuera de su cuerpo.

El sonido no significa nada, literalmente, sino como lo repites es posible que una definición más profunda revela a usted. Se trata de un sonido elegido para hablar con los sentimientos profundos asociados con el chacra raíz, pidiendo a su energía para corregir su flujo y lograr la armonía.

afirmaciones chacra raíz

Otra técnica vocal que se puede utilizar para ayudar a equilibrar su chacra raíz está afirmaciones. Estos son poderosas declaraciones que ayuda a enfocar sus energías y reorientar su forma de pensar. Si bien nuestro pensamiento da forma a lo que decimos, se ha encontrado que las palabras que usted dice también pueden cambiar su forma de pensar.

Aquí están algunas afirmaciones chacra raíz:

- Tengo una vida de seguridad y protección.
- Estoy protegido, mi espíritu no puede ser dañado.
- Me vi por espíritus amorosos, al abrigo de su energía.
- Comparto una conexión indisoluble con la tierra debajo de mí.
- Tengo una vida de abundancia y no quiero.
- El universo proveerá para mí en mi tiempo de necesidad.
- Tengo suficiente y estoy contento con lo que tengo.

Esta lista no es exhaustiva. Observe los temas de seguridad, seguridad, abundancia y de puesta a tierra. Piense acerca de cuál de estos temas que usted siente que necesita para meditar y tratar de llegar a una afirmación personal que le mueva en una dirección positiva.

Escoja uno mantra y decir a sí mismo con toda la sinceridad que puede reunir. A continuación, seguir repitiéndolo, vertiendo su convicción en cada palabra. Hacer ciclo no sólo a través de mantras sin pensamiento, realmente enfocar sus energías en el mantra que nos ocupa.

La curación de su chacra de la raíz

Una vez que haya restaurado una cierta apariencia de equilibrio a su chacra de la raíz, que tendrá que tomar medidas adicionales si desea curar cualquier daño duradero que podría haber hecho para el chacra.

Retorno a la naturaleza

El chacra de la raíz tiene una importante relación con el planeta en que vivimos y la vida natural que brota de ella. Si se corta la llamada de la naturaleza, entonces usted tendrá un tiempo muy difícil equilibrar este chacra. Por lo tanto, salir de su casa u oficina durante algún tiempo y tratar de llegar lo más cerca de la naturaleza como sea posible. Con suerte, puede salir de la ciudad y en un área que es más salvaje, pero también se puede obtener una gran cantidad de beneficios de ir a un parque de la ciudad. Lo importante es que usted se acerca a la tierra.

Cuando sales, tratar de conocer de cerca y personal con la naturaleza. Quitarse los zapatos y sentir la tierra y hierba entre los dedos. Acostarse en un campo y sentir la tierra en toda su majestuosidad que sostiene. Darse un baño en un río y se siente a sí mismo corriendo por las venas de la Madre Tierra. Cuanto más cerca se puede llegar a la naturaleza mejor. Usted no tiene que hacer nada que te hace demasiado incómodo, pero si se puede empujarse fuera de su zona de confort, aunque sea un poco, a continuación, se puede ver algunos resultados reales.

Comer alimentos más naturales

Otra forma en que la sociedad moderna nos recortes del resto del mundo natural es en el ámbito culinario. Las dietas modernas están llenas de alimentos procesados y artificiales. Comemos comida hecha en fábricas que utilizan materiales que fueron creados en los laboratorios. No es de extrañar que nos sentimos separados de la naturaleza cuando las mismas células de nuestro cuerpo se alimentan de sustancias químicas extrañas.

Al comer una dieta más orgánica, natural puede ayudar a volver a conectar con la naturaleza y la tierra su energía. Comer más frutas y verduras es especialmente importante para su salud física y espiritual. Este truco puede ir con cada chacra, pero si usted quiere centrarse en el chacra raíz, a continuación, tratar de comer la comida que viene del subsuelo. Las hortalizas de raíz como las zanahorias y las patatas provienen de debajo de la tierra, para que puedan ayudarle a ser conectado a tierra. Puede sonar tonto, pero si usted lo intenta puede encontrarse con que funciona.

un estilo de vida más vivo minimalista

Un gran problema que enfrenta la sociedad moderna es el materialismo. Estamos constantemente bombardeados por mensajes de empresas, todos ellos nos dicen que somos incompletos y que sólo tienen lo que se necesita para sentirse completa. Es fácil creer en ellas, porque cuando hacemos compras nos sentimos bien, pero que el placer no dura. Ir de compras puede convertirse fácilmente en una forma de adicción socialmente sancionado.

Pregúntese, ¿verdad es dueño de sus posesiones, o hacer que poseen? Trate de cortar en las compras y limpiar el desorden de su espacio vital. No es necesario para deshacerse de todo, pero ayuda a reconocer que se puede vivir muy bien sin la mayor parte de la sociedad de las cosas dice que necesita. Una vez que se da cuenta que no es necesario bienes materiales para ser feliz, y que podría ser aún más feliz sin ellos, usted liberarse de su agarre.

La importancia de la atención regular

Por favor entender que el cuidado de su salud espiritual es similar al cuidado de su salud física; se trata de un esfuerzo de por vida. Al igual que usted no se cepilla los dientes una vez y pensar que siempre tenga los dientes libres de placa, no se puede meditar una vez y olvidarse de un chacra. Trabajando mantenimiento espiritual regular en su rutina diaria es clave si se quiere lograr la salud espiritual y equilibrio duradero. Puede parecer desalentador, pero si se toma las cosas un paso a la vez que pronto se preguntará cómo ha podido vivir sin sus nuevas prácticas.

Capítulo 2: chacra sacro - Svadhisthana

Sobre el chacra

El siguiente chacra que vamos a ver es la Svadhishthana, comúnmente conocido como el chacra sacro. Este chacra está muy cerca de la chacra de la raíz, con su centro situado justo debajo del ombligo. Tenga en cuenta que este chacra está más cerca de la parte delantera de su cuerpo, mientras que la raíz es mayor en la parte posterior. Esta es la razón por el chacra sacro se piensa para gobernar los órganos reproductivos de la vejiga y, a pesar de que éstos son también bastante cerca de la raíz.

Otra cosa a entender acerca de los chacras es que no sólo se definen por la proximidad física, sino que también poseen características más profundas. Por ejemplo, el chacra sacro se cree que es una fuente de energía sexual y creativas. Esto ayuda a explicar su relación con los órganos reproductivos, que son clave para el acto físico del amor y de la creación de la vida humana.

Cuando usted tiene un chacra sacro clara y saludable que son una fuente de energía positiva que atrae alegría y comunión. Estar con amigos y seres queridos es placentero y satisfactorio en lugar de tediosa o doloroso. Un chacra sacro clara ayuda a disfrutar el lado brillante de la vida, la búsqueda de la alegría en las cosas positivas que haces. También abre los pozos de la creatividad, que le permite convertir las visiones en la cabeza en la realidad. La limpieza de este chacra conduce a la vida alegre, relaciones sanas, y la abundancia creativa.

Este es un chacra donde impulsos primarios cumplen con algunas de nuestras emociones más profundas. Es otro chacra inferior que es fundamental. Subestimar este chacra a su propio riesgo.

Los síntomas de la obstrucción

Cuando el chacra sacro se bloquea inhibe el flujo de energía creativa en todo el cuerpo. Esto lleva a la gente a ser menos creativo o apasionado de la vida. Una especie de apatía se convierte en común como la gente comienza a sentir que están simplemente sobreviviendo en lugar de vivir una vida con propósito.

Otro síntoma de bloqueo es un aumento de la preocupación que rodea la mortalidad. Los individuos con chacras sacros bloqueados a menudo se encuentran fijarse en la muerte, ya sea por cuenta propia o que están cerca de ellos. Puede convertirse en una obsesión por consumir. De repente se siente como la muerte está al acecho en cada esquina.

Más allá del reino mental, un bloqueo chacra sacro también puede manifestarse en problemas físicos. temas sacros pueden conducir a una pérdida de fuerza física y la energía. Esto a su vez puede conducir a un riesgo mayor de adicción con respecto a cualquier cosa que pueda proporcionar energía artificial. Café y té adicciones son comunes, pero las adicciones a drogas más duras también son posibles.

Por último, debido a la dimensión sexual del chacra sacro, bloqueos pueden también conducir a la disfunción sexual. Los órganos reproductores pueden dejar de comportarse como es debido, ya que son drenados de las energías apasionadas que normalmente los lleva. Una pérdida de deseo sexual es también un síntoma potencial.

La identificación de chacra sacro bloqueado

Los bloqueos en cada chacra pueden manifestar en una variedad de maneras diferentes. Una vez más vamos a estar buscando en una variedad de signos que pueden indicar un chacra sacro bloqueado. Lectura en voz alta y ver cuántos se puede relacionar con.

- miedo elevado de muerte
- La pérdida de la creatividad
- Incesante autocrítica
- fatiga persistente
- No tiene sentido de la motivación o la unidad
- Una sensación de poca importancia
- La preocupación por la mortalidad
- temores constantes que rodean su vida amorosa
- confusión generalizada que rodea a sus emociones
- La sensación de que usted es un marginado
- Una caída repentina en el deseo sexual
- Las tendencias hacia las adicciones
- La impotencia sexual

Si usted está experimentando cualquiera de estos síntomas, entonces usted debe buscar en el equilibrio de su chacra sacro. Cuanto más se está tratando, o cuanto más severos son, cuanto antes se debe comenzar el proceso.

Equilibrar su chacra sacro

Si usted quiere dominar sus emociones, recuperar su creatividad y fomentar una sexualidad sana, entonces usted necesita para equilibrar su chacra sacro. Al igual que con cualquier otro chacra, hay muchos pasos que puede tomar, pero la meditación activa es una de las cosas más poderosas que puedes hacer. Al unirse a su cuerpo, la mente y la energía espiritual en una causa común, puede hacer milagros.

1. Encontrar un área despejada y tranquila donde se puede pasar de cinco a veinte minutos de tiempo ininterrumpido.
2. Sentarse en el suelo en una posición cómoda, pero segura.
3. Cierra tus ojos. Comenzará a tomar, respira lenta y profundamente. Imagínese cada respiración como energía que fluye dentro y en dirección a la zona justo debajo del ombligo. Ahora imagine esa zona

como un punto de luz naranja que lentamente se hace más grande con cada respiración.

4. Alcance abajo y toque el área que estás imaginando. Trate de sentir la energía pulsante fuera de él. masajear lentamente su piel en forma circular, con un toque firme pero suave. Despertar su chacra con la energía de su alcance.

5. Imagine que su chacra brillante brillante, ya que despierta. Sentir el poder que tienen en su interior. Continuar a respirar con regularidad, sintiendo toda tensión salir de su cuerpo mientras se toma el sol en el cálido resplandor de la energía de su chacra.

6. Como usted se sienta en la paz y la calma, sentiría si su chacra que está apuntando en una dirección en particular. En la quietud del momento en que debe estar alerta a cualquier cosa que entra en su mente, sobre todo si es emocional.

7. Si una preocupación emocional viene a la mente no huir de él. Permítase sentir cualquier emoción que pudiera ser. Experimentar en su plenitud, si es agradable o no. Date permiso para sentir la forma de hacer.

8. Imagínese la emoción como un color. Imaginar algo que se siente apropiado en el momento. Ahora imagínese que el color tirando hacia fuera de su cuerpo y tirarlo hacia el cielo. Entonces imaginar un arco iris entero de colores, con cada color representa una emoción diferente.

9. Sentir la belleza de los colores y la profundidad de su emoción. Entonces se puede imaginar que todos los colores descender en el resplandor naranja de su chacra sacro.

10. Medita en el hecho de que todas las emociones que siente ayudan a hacer que lo que eres. No se rechaza otra cosa que aceptarlo todo. Darse cuenta de que no hay una emoción que define, y que ninguna emoción es su maestro.

11. Imagine los colores de tiro hacia atrás hacia el universo. Los colores se conectan con una constelación de otros chacras naranja, que conecta a toda la humanidad en una gran red de energía eterna.

12. Mantenga este pensamiento en su mente. Sentir la conexión, el poder y la aceptación. Respirar profundamente y encontrar descanso en el orden del universo. Permanecer sentado con los ojos cerrados durante el tiempo que se sienta cómodo.

13. Cuando se sienta listo para volver de la meditación, debe abrir los ojos lentamente. No haga ningún movimiento brusco. Permítase que regrese a la realidad. Saludar a todo a su alrededor con la aceptación caliente.

14. Levantarse en sus pies, estirarse hacia fuera, y seguir con su día. Saben que sus emociones no son sus enemigos y que no son de su maestro. Son una parte de ti, pero no te definen.

Este enfoque particular de la meditación le ayudará a lidiar con muchos de los problemas emocionales que surgen con frecuencia cuando su chacra sacro está fuera de equilibrio. Por supuesto, los problemas con el chacra sacro pueden tomar diferentes formas. No dude en hacer pequeños ajustes para que la meditación es a la vez cómodo y aplicable a las cuestiones que está tratando. No hay una forma de meditar, una vez que usted puede tomar medidas por su cuenta para tratar de satisfacer sus propias necesidades únicas será mucho mejor equipados para lograr y mantener el equilibrio.

mantra chacra sacro

Problemas con el chacra sacro a menudo pueden interferir en el acto de la meditación. Este chacra tiene el poder de nuestras emociones y conexiones más profundas. Cuando se preocupó que puede ser difícil pensar con claridad. Puede encontrar una habitación clara y tranquila, pero si su mente está en un estado de caos que puede ser difícil de lograr serenidad.

Mediante el uso de un mantra se puede cortar a través de algunos de los caos. La sílaba sagrada que representa el chacra sacro es "VAM". Debido a que los mantras no tienen significados literales que ayudará a perder el equipaje que se le puede llevar en el diálogo interno. Un bloqueo chacra sacro puede conducir a diálogo interno negativo, y este mantra puede ayudar silencio que.

La idea es que se está dando a su mente algo en qué concentrarse, además de sus preocupaciones normales y asuntos exteriores. Que está dejando atrás el mundo que gasta la mayor parte de su vida y entrar en un mundo de lo espiritual. Es por eso que las sílabas se utilizan en lugar de palabras. Estos sonidos podrían no tener sentido para ti al principio, pero si se mantiene su uso se dará cuenta de que cada mantra puede contener una gran cantidad de significados que ninguna palabra podría venir cerca de capturar.

afirmaciones chacra sacro

El chacra sacro también tiene su propio conjunto de afirmaciones. Estas afirmaciones le ayudarán a restaurar una vida emocional saludable al cambiar su enfoque mental. Cada vez que usted siente que necesita para encontrar el centro de su chacra sacro, sólo tiene que repetir una de estas frases.

- Tengo la energía de la creación dentro de mi cuerpo.
- Puedo manifestar mi visión a través de la acción que tomo.
- Reconozco la chispa divina en los que amo.
- No tengo ninguna vergüenza en mi sexualidad.
- Me siento cómodo en mi cuerpo, el cual fue creado con amor.
- Me llevar alegría a mis seres queridos con mi propia existencia.
- Estoy profundamente conectado a un universo de amor y posibilidades creativas.

Cualquiera de estas frases puede ayudar a equilibrar su chacra sacro, pero usted debe tratar de llegar a su propia. Los temas a considerar son la emoción, la conexión, la creatividad y la pasión. Reconocer lo que necesita y lo reclama en palabras en negrita. Es posible que tenga dificultades para creer sus palabras al principio, pero con el tiempo se puede llegar a enseñar a su cerebro para ver la vida de otra manera.

La curación de su chacra sacro

Una vez que haya identificado algunos de los problemas que tengas relacionada con su chacra sacro entonces se puede considerar lo que dura dañar esos problemas podrían haber causado. Tal vez su yo creativo ha sido suprimida o tal vez su pasión ha sido mitigada. Estos son temas que requieren tiempo para resolver, pero pueden dirigirse si usted está dispuesto a identificar sus problemas y poner en el trabajo necesario para lograr la curación.

Participar en la expresión creativa libre

El chacra sacro es muy creativo, pero muchos de nosotros vivimos vidas que no promueven la creatividad. Muchos sistemas modernos promueven la conformidad y una vez que interiorizar este mensaje que comienzan a vigilar nuestra propia creatividad. Si quieres volver a descubrir su ser creativo y equilibrar sus chacras, entonces usted necesita para aprender a liberarse de los sistemas de control.

Deje de preocuparse por lo que otros puedan pensar y empezar a expresar lo que hay dentro de ti. Levantarse y bailar, dejando la guía de la música que en lugar de las opiniones de sus compañeros. Ir hacer un dibujo y ponerlo en algún lugar donde nadie más lo encontrará. Salir a la calle y cantar una canción al mundo. Cuando se crea por el bien de ser creativo regresa de nuevo a su auto pura y alegre que existía antes de la sociedad que un lavado de cerebro en la creencia de la creatividad era malo. Recuperar su auto creativo y sanar tu chacra sacro.

Romper las relaciones no saludables

Si bien las cuestiones a veces con el chacra sacro pueden conducir a problemas de relación, la flecha de la causalidad apunta a menudo en la otra dirección. relaciones tóxicas liberan energías tóxicas, y las energías románticas o sexuales van a gravitar hacia este chacra. Esto significa que mientras que usted puede estar preocupado por cómo las cuestiones relacionadas con este chacra podrían afectar a su relación, podría ser que su relación es la causa raíz.

Recuerde, los chacras se ocupan de la energía en el exterior, así como la energía desde el interior. Si estás rodeado de gente tóxica, entonces será casi imposible de llevar a sí mismo en equilibrio, incluso si tiene la paciencia de un santo. A veces la única manera de curar realmente es separar a sí mismo de las personas que le están perjudicando o ayudando a perpetuar un ciclo dañino.

Tenga en cuenta la naturaleza eterna de Energía

Una de las cuestiones más difíciles de resolver que rodea el chacra sacro es el miedo a la muerte. Esta es una de las luchas que definen que cada cara debe humana y un tema que el mundo moderno no nos equipa para manejar. Modernistas y materialistas que niegan la existencia del reino espiritual de hacernos creer que nuestros fines existencia con la muerte de nuestro cuerpo material. Pero una vez que están en sintonía con la naturaleza dual de nuestra existencia, a continuación, se puede entender que estas limitaciones son un producto de la ignorancia.

Mientras que nuestros cuerpos físicos morirán, no estamos limitados a nuestras formas físicas. La realidad es que la energía se mueve y cambia constantemente. Esto se puede ver en la ciencia y en la espiritualidad. Una vez que entienda que la muerte no es el final sino una transición, entonces usted no tiene que temer él. Esto no quiere decir que se trata de la muerte volverá a ser fácil, pero sí significa que usted nunca tiene que dar en la desesperación.

Aceptate a ti mismo

Muchos problemas con el chacra sacro se refieren de nuevo a la autoimagen negativa. Muchas personas son sus peores enemigos, en constante meditación de pensamientos negativos y destructivos. Esto a menudo proviene de la idea de que hay un tipo perfecto de la persona y que somos de alguna manera defectuosa porque no encajan en ese molde perfecto.

Este tipo de pensamiento puede conducir a todo tipo de problemas. También es completamente ilógico. No se puede ser nadie más que la persona que eres. Si bien se puede cambiar con el tiempo, si no se acepta a sí mismo ahora que nunca lo hará. Comprenda que su valor no proviene de su peso, cómo se mire, o cualquier otra preocupación superficial. Usted fue hecho con amor y un propósito. Su valor proviene de su espíritu, no olvide que.

Capítulo 3: chacra del plexo solar - Manipura

Sobre el chacra

El tercer chacra es el Manipura, o chacra del plexo solar. No tenemos para moverse hacia arriba lejos del chacra sacro para llegar a este punto de energía. El chacra del plexo solar está situado justo por encima del ombligo, pero por debajo del esternón. Esta posición permite que gobiernan no sólo el sistema digestivo, sino también el sistema nervioso.

Si conoces a la anatomía, entonces usted entiende que el sistema nervioso es el camino de la energía principal que conecta el cerebro con casi todas las partes del cuerpo. Esto significa que el chacra del plexo solar es increíblemente importante. Es el centro de la sabiduría, la intuición y la autoconciencia. De una manera muy real que podría ser visto como el centro de su existencia espiritual.

Un chacra del plexo solar saludable le ayudará a ver con más claridad. Se le reconoce su valor, su identidad y su propósito. También ayudará a enfocar sus energías en la dirección de sus objetivos. Usted encontrará que es más fácil creer en ti mismo y tomar las medidas necesarias para lograr sus objetivos.

Los síntomas de la obstrucción

Debido a que este chacra es tan central, bloqueos puede conducir a problemas graves. Golpean en el centro mismo de su ser, haciendo que dudan de sí mismos y de la lucha con las decisiones más simples. Dado que el sistema nervioso controla nuestro cuerpo, un bloqueo aquí puede hacer que parezca como si algo fuera de nosotros está controlando. La paranoia y la impotencia son por desgracia común.

Una fuente única de bloqueo del plexo solar chacra es un conjunto abrumador de opciones. Si usted está luchando para elegir entre una amplia gama de opciones que parecen ser de valor similar, entonces problemas con este chacra pueden exacerbarse. Esto puede conducir a congelar y apagar.

Las manifestaciones físicas comunes de la mayoría de taponamiento aparecen en otra zona controlada por el chacra del plexo solar: el sistema digestivo. Una sensación de opresión o enfermedad en el estómago puede ser un signo de obstrucción. Así son los antojos de alimentos poco saludables que pueden ayudarle a sentir como si estuviera en control durante unos segundos fugaces antes de las matrices punta hacia abajo y se ve obligado a vivir con las consecuencias negativas para la salud. espirales descendentes pueden ocurrir como cables de alimentación poco saludables para los problemas estomacales, lo que agrava aún más el problema.

La identificación bloqueado chacra del plexo solar

El chacra del plexo solar es de gran alcance, así que cuando usted tiene problemas con él que probablemente no tendrá mucho notar problemas. Sin embargo, hay una diferencia entre darse cuenta de que algo está mal y la localización de la chacra de lo que necesita dirección. Echemos un vistazo a las maneras de identificar el bloqueo del plexo solar chacra para que pueda ver cuántos se aplica a usted.

- Una inusual falta de confianza
- Todo se siente como una lucha
- dudas constantes que rodean cada decisión
- comer en exceso repentino
- A falta de iniciativa
- sentimientos persistentes de la frustración
- repentino deseo de dominar o controlar a los demás
- Dolor de estómago
- El aumento de la dilación
- Arranques de ira cuando se enfrentan con el fracaso o la lucha
- fatiga inexplicable
- Úlceras
- Una abrumadora sensación de impotencia
- Indigestión

Como se puede ver, cuando surgen problemas con las cosas del plexo solar puede ser negativo rápidamente. Es por eso que usted debe estar al acecho de alguna de estas señales. Si usted piensa que podría tener un problema con el chacra del plexo solar, entonces usted debe tomar medidas inmediatas para manejarlo. Las cosas pueden salir rápidamente espiral de control si estos problemas emocionales y físicos empezar a compuesto y escalar.

El balance de su chacra del plexo solar

El plexo solar es un chacra que se apoya en la base de su identidad. Ayuda a la forma cómo se ve a sí mismo y la forma de tomar medidas en el mundo físico. Si usted no tiene un sentido sólido de identidad entonces ayuda a meditar en una forma tal que recuerde lo que eres.

1. Preparar un área donde se puede meditar durante cinco a veinte minutos y sin ningún tipo de distracciones o interrupciones.
2. Tomar asiento en el suelo. Cruzar las piernas y sentarse con la espalda recta y orgullosa. Relájese sin encorvarse.
3. Cierra tus ojos. Alcance abajo y toque en el área de su pecho que está a unas pocas pulgadas por encima de su ombligo. Descansar su mano sobre ella, con el centro de la palma de la mano apoyada en la línea de centro del pecho.
4. Comenzar a respirar lenta y profundamente. Siente la subida y bajada de su pecho bajo su mano. Imagínese una bola amarilla de la

luz en la zona justo debajo de su pecho. Ahora imagina que la pelota es cada vez más grande cada vez que su pecho se expande. Sentir un cálido resplandor de la energía, ya que emana de la pelota cada vez mayor.

5. Imagine que se mira a través de ti mismo para ver una imagen especular de sí mismo, hecho enteramente fuera de la luz amarilla. La persona delante de usted está conformada igual que lo son, sino que son un ser de energía pura.
6. Contemplar la figura de antes. Siente la energía que fluye fuera de ellos. Sea testigo de la belleza del espíritu puro, elaborado por la mano de la divina.
7. Imaginemos ahora que el ser de luz se disuelve, y la energía amarilla se vierte en ti. De repente, el resplandeciente en el interior del chacra de color amarillo que se expande, y pronto son que ser de luz.
8. Siente la energía natural que forma su ser. Entender que el universo se ve como una criatura hermosa de la luz divina, digno de amor y respeto. No discuta, simplemente aceptar esta realidad.
9. Tomar respiraciones profundas y regulares. Encontrar un lugar de calma y permanecer en ella durante el tiempo que se sienten llamados a.
10. Una vez que siente que su meditación ha seguido su curso, abre los ojos lentamente y volver al mundo. Permanecer sentados durante unos minutos ya que aclimatarse a la realidad física después de un viaje de campo mental para el reino espiritual.
11. Ponte de pie lentamente y de pie alto. Mantener la cabeza bien alta, según se mira el día con un nuevo sentido de orgullo y confianza en sí mismo.

Estos programas de mediación están diseñados para llegar a la esencia de la mayoría de los problemas comunes que conducen a desequilibrios chacra. Ellos pueden ayudar a señalar su mente en la dirección correcta, pero el programa no puede hacer todo el trabajo por usted. Usted tiene que encontrar la verdad en las visualizaciones de lo contrario no funcionará. Esto puede tomar tiempo. No se fuerce a sentir algo que no se siente o castigue fallo sobre percibida. Usted es siempre un éxito cuando se toma medidas proactivas. Nadie sabe cuánto tiempo podría tomar para que usted pueda dominar todas las partes que intervienen en la meditación con éxito, pero todo el tiempo que seguir trabajando en ello le va a seguir cosechando más y más premios. La única manera de perder es renunciar. ¡Síguelo!

chacra del plexo solar mantra

Una de las funciones del chacra del plexo solar es la de regular la sabiduría y la intuición. Es importante entender que hay una distinción entre el conocimiento y la sabiduría. Alguien que memoriza el manual del conductor tiene conocimiento de un coche, pero se necesita tiempo detrás del volante para desarrollarse como un conductor prudente. La sabiduría es algo profundo y sagrado.

Cuando el plexo solar es bloqueado puede ser cortado de su sabiduría sagrada. La voz dentro de ti que apunta en la dirección correcta resulta difícil oír. Aquí es donde un mantra viene muy bien.

El sonido que ayuda a equilibrar el chacra del plexo solar es "RAM". La repetición de este sonido llama a la parte interior de la sabiduría usted y la sabiduría del universo. El acto de hablar también ayuda a la energía negativa sacar de su estómago, que es un área relacionada con el chacra del plexo solar. La repetición de la RAM le ayudará a reorientar su mente y equilibrar sus energías.

afirmaciones chacra del plexo solar

Afirmaciones para el plexo solar están diseñados para ayudar a fortalecer su sentido de identidad y que usted proporciona con la voluntad de seguir adelante. Ellos pueden realmente ayudarle a configurar para el éxito. Por otro lado, un bloqueo puede arrastrar hacia abajo. Es por eso que usted debe saber las señales de advertencia y cuidado con ellos.

Algunas afirmaciones que pueden decirse a sí mismo incluyen:

- Amo y respeto a mí mismo.
- Tengo todo el derecho a existir y vivir la vida que quiero vivir.
- Soy un ser que puede forjar mi propio futuro y elegir el camino que quiero tomar.
- Tengo la capacidad de lograr cosas increíbles.
- Voy a tomar medidas para manifestar mis sueños.
- Soy capaz de manejar cualquier problema que la cara.

Como siempre, estos son sólo sugerencias. Tómese el tiempo para tratar de escribir algunas afirmaciones de su propia creación. Piense acerca de temas como la identidad, la toma de decisiones, y la confianza. Identificar una debilidad o preocupación que tenga, y luego responde con palabras de poder y mando. Usted puede controlar sus pensamientos, no permites que te controlan.

La curación de su chacra del plexo solar

El más largo de su plexo solar ha estado fuera de equilibrio, el más profundo de sus heridas lo serán. Aun así, el espíritu es resistente, y cualquier daño puede ser curado con el tiempo y la acción apropiada. Si usted toma medidas para recuperar su sentido de identidad y capacidad personal, entonces se puede curar a este chacra.

Dejar de dilatar

Es normal para dudar de sí mismo si usted no está tomando las acciones que se sabe que necesita. Si hay tareas que debe hacer, pero ha sido puesta fuera, a continuación, dejar el libro y ponerse a trabajar. Usted no tiene que manejar todo en una sola tarde, sólo tiene que tomar medidas para que usted se mueve hacia adelante.

Mientras que nuestros pensamientos son increíblemente poderosas, nuestras acciones también juegan un papel importante en la definición de lo que somos. Son lo que las personas que nos rodean ven, y que también dan forma a nuestra propia autoestima. Pensamientos dan forma a las acciones, pero las acciones también pueden ayudar a dar forma a sus pensamientos. La adopción de medidas se centra su mente y su energía, apuntando en una dirección determinada. Esta es la razón por la participación en actividades positivas es tan poderoso. Puede traer su mente, el cuerpo y el alma juntos para un propósito unificado.

Cambiar su dieta

Una de las ideas más importantes que hay que sacar de este mundo es que el reino espiritual está conectado con el mundo físico. La importancia de los chacras se basa en este hecho. Ya hemos hablado sobre cómo las energías espirituales tóxicos pueden afectar negativamente a su cuerpo físico, pero vale la pena mencionar que los productos químicos tóxicos también pueden afectar negativamente a su energía espiritual.

Mientras que sus impactos dietan cada parte de su cuerpo, el estómago y el sistema digestivo más grande es el área que está más directamente afectados por los alimentos que se ingieren. Si siempre está comiendo procesados, grasa, sal y alimentos poco saludables en general, entonces se van a desarrollar efectos secundarios físicos y espirituales.

Con esto en mente, puede ayudar al proceso de curación, cambiando su dieta. Cortar los alimentos naturales y no saludables y cambiar a una dieta que está más cerca de lo que la Madre Naturaleza pretende. Las frutas y verduras deben ser la base de su alimentación. Usted no tiene que cortar inmediatamente todos los alimentos poco saludables, pero usted debe tratar de hacer lo que puede traer su dieta en línea con los elementos naturales que han sido previstas por nuestro planeta madre desde los primeros tiempos de la humanidad.

Pedir ayuda a alguien

Mientras que el plexo solar tiene mucho que ver con las cosas imagen de sí mismo, el autocontrol y la autorrealización como, eso no quiere decir que no quiere decir que siempre hay que ser autosuficientes. Somos criaturas no solitarias; que se han construido para el trabajo en grupos. Tratar de hacer todo usted mismo es antinatural.

Cuando necesite ayuda, nunca debe tener miedo de preguntar por ella. Mientras que un cierto grado de autosuficiencia es una cosa buena, también es necesario reconocer sus propios límites. Nadie puede tomar acción para usted, pero eso no significa que usted necesita tomar acción por sí sola.

Capítulo 4: Corazón Chacra - Anahata

Sobre el chacra

A continuación, llegamos a uno de los chacras más fáciles de entender, Anahata, o el chacra del corazón. Este chacra se encuentra al mismo nivel que el corazón, aunque hay que recordar que es un poco al lado del corazón ya que todos los chacras están situados en el centro de su cuerpo. Este chacra se encarga de la regulación de su corazón, los pulmones y el pecho superior. Es un centro de emoción, estrechamente ligada con los sentimientos de amor y anhelo.

El chacra del corazón también juega un papel único debido a su posición. Es el chacra de la media, que sirve como el punto de equilibrio y la vinculación entre la parte inferior tres chacras y la parte superior tres chacras. Se puede observar como la rueda que todas las otras ruedas giran alrededor. Esto le confiere una gran potencia para la curación cuando es claro y equilibrado, sino también grandes potencias para su destrucción cuando son tratados mal.

Los síntomas de la obstrucción

Problemas con el chacra del corazón pueden llevar a la gente a sentirse no querido o no deseado. Esto es bastante malo en sí mismo, pero cuando las personas se sienten de esta manera pueden buscar el amor a través de vías no saludables. Mal considerados y acciones impulsivas conducen a dolores de cabeza, lo que agrava los sentimientos iniciales que comenzaron el ciclo.

Otro signo de obstrucción chacra del corazón es la agitación. El chacra del corazón es un lugar donde nos centramos y encontrar la paz, por lo que cuando el chacra es arrojado fuera de equilibrio se rompe la paz. Esto lleva a la agitación, impulsividad, y la incapacidad de la adversidad mango. Un mal genio y la incapacidad de enfoque pueden ser a la vez signos de obstrucción.

Un estudio cuidadoso de estos asuntos revela la naturaleza cíclica de los dos flujos de energía saludables y no saludables. Esta es una de las razones por las que pensamos de los chacras como las ruedas y una explicación para el énfasis en un enfoque holístico de la curación. Mientras que un problema puede hacer que la próxima aún peor, una mejora puede ayudar con el siguiente número que se enfrenta.

La identificación de chacra del corazón bloqueado

El chacra del corazón es a menudo considerado como un asiento importante de la fuerza emocional, así que cuando se cae de equilibrar las emociones funcionar salvaje. No deje que el problema vaya de las manos, mantener un ojo hacia fuera para estos síntomas de una obstrucción.

- Una profunda sensación de soledad

- Sentimientos de abandono
- Un estado constante de agitación
- La creencia de que eres digno de ser amado
- Dificultad para dormir
- Una sensación de desequilibrio físico, incluso cuando está sentado o parado
- Rapidez a la ira
- el comportamiento pegajoso o posesiva hacia la pareja romántica
- comportamiento distante o frío hacia su pareja romántica
- Dificultad para lograr algo cercano a la serenidad
- Fijación en las relaciones románticas

Los temas relacionados con el chacra del corazón pagan altamente emocional. Si tiene problemas con su chacra del corazón, a continuación, puede convertirse fácilmente enredarse en sus emociones, experimentando cada lucha a gran escala y perder de vista el bosque por los árboles. Es por eso que usted debe mirar hacia fuera para estos factores. Cuanto más se demuestra que cuanto antes lo necesario para empezar a resolver sus problemas de chacra del corazón.

El balance de su chacra del corazón

La alegría, el amor y la empatía son sólo algunos de los frutos de un chacra corazón sano. Si quieres disfrutar de una vida que es rica en todos ellos, entonces usted necesita para equilibrar sus chacras en consecuencia.

1. Encontrar un lugar donde se puede meditar en paz y tranquilidad durante cinco a veinte minutos.
2. Sentarse en el suelo en una posición que puede sostener cómodamente durante un período prolongado de tiempo.
3. Cierra los ojos e imagina tu corazón. Ahora imagine un lugar justo al lado del corazón, justo en el centro de su pecho. Imagínese una luz verde brillante que brilla a cabo a partir de ese punto.
4. Inhalar y exhalar lentamente, imaginando que la luz verde está creciendo más grande con cada respirar. Imagen de la luz pulsante como el latido de tu corazón.
5. Ahora la imagen alguien que aman y se preocupan. Luego ver como un resplandor verde brilla fuera de su pecho, mirando el mismo que el de su propia.
6. Imagine un rayo de luz verde brillante tiro fuera de su chacra del corazón. Mira, ya que vuela a través del espacio y el tiempo y se conecta con el chacra del corazón de la persona que le interesan. Sentir el amor y la compasión que fluye desde el corazón a los suyos. Es necesario concentrarse realmente en su amor por ellos y su belleza.
7. Ahora imagine rayos de luz verde que le llega desde todas las direcciones. Imagínese esas luces que vierte en su chacra del corazón,

el envío de una ráfaga de nueva energía en ti. No se imaginan donde las luces están viniendo, simplemente aceptar que existen y se te llena de energía positiva.

8. Siente la red de amor y compasión que conecta entre sí la humanidad. Medita en el hecho de que las líneas en las que imaginando son sólo una fracción de lo que realmente existe. Sabe que el mundo está conectado por una red incontable de luz y energía.

9. Respirar profundamente y lentamente. Disfrutar del momento al contemplar el amor que fluye desde el corazón, y el amor que fluye dentro de él. Sabes que eres amado, lo aceptan como un hecho, incluso si tiene problemas para creer en él.

10. Una vez que se siente como la meditación ha seguido su curso se puede empezar a abrir los ojos. Salir de su meditación lentamente, a la espera de un par de minutos antes de levantarse y moverse.

11. Después de permanecer de pie lentamente se debe estirar su cuerpo y comenzar el día con un corazón lleno de amor.

El amor puede ser un tema complicado. Es nuestra mayor fuente de alegría, pero también nos puede causar dolor. Lo que nunca podemos perder de vista es la belleza del amor. Por eso no hay que acaba de preocuparse por la forma en que se sienten acerca de nosotros, también debemos considerar el amor que enviamos al mundo. Si amas a alguien, entonces eso es una cosa hermosa, sea o no la otra parte vuelve sus sentimientos. Sea orgulloso del hecho de que está enviando el amor por el mundo, y la confianza que son amados. Puede no ser capaz de verlo, pero la luz del amor brilla sobre usted, incluso en su hora más oscura.

mantra chacra del corazón

Se dará cuenta de que el corazón es la sede de algunas de nuestras emociones más profundas. Cuando se bloquea este chacra, y sus emociones se descomponga puede ser difícil entrar en razón. Nuestros sentimientos se vuelven contra nosotros, nuestros pensamientos se vuelven negativos. Cuando esto sucede, usted tiene que hacer algo que le ayudará a superar las barreras entre usted y el equilibrio.

La repetición de un mantra puede ayudarle a pasar por encima de la confusión emocional y mental se está tratando. El sonido que ayuda a equilibrar el chacra solar es "RAM". Este es un sonido que habla directamente al corazón, llamando de nuevo al equilibrio.

Recuerde que el ritmo es muy importante cuando se utilizan mantras. Hay una razón por la que la música es algo que une a personas de todo el mundo; el ritmo resuena con nosotros en un nivel fundamental. Su corazón es como un tambor que late, así que tenga esto en cuenta cuando repite su mantra chacra del corazón. Imagine que el ritmo de su corazón se sincroniza con su mantra repetido, y que une su acción física y el flujo de energía para un propósito consciente. Si usted puede conseguir los dos lados de su naturaleza juntos, entonces es mucho más probable para lograr el equilibrio.

afirmaciones chacra del corazón

Un corazón herido puede conducir a una mente ilógica y una lengua venenosa. Recuperar el control de sí mismo mediante palabras de curación en la honestidad de hablar. No se le puede obligarse a detener los pensamientos negativos de pensamiento, debe reemplazarlos con afirmaciones positivas.

- Soy una fuente de amor.
- Estoy en paz conmigo mismo.
- No necesito a cambio de ganar el afecto de los demás.
- Comparto una conexión profunda y sagrada con el mundo a mi alrededor.
- Perdono a otros por sus errores, y me perdono por mi cuenta.
- Puedo superar cualquier lucha emocional que puede hacer frente.
- Estoy totalmente digno de amor como yo.

Estas son algunas palabras que toda persona merece oír. Incluso si usted no tiene a alguien en su vida que puede susurro palabras de amor y compasión en su oído, todavía se puede hablar las palabras que necesita escuchar a sí mismo. Recuerde que también puede darse amor. Usted es tan digno de amor como cualquier otra persona y tan capaz de darle. No se sienta limitado por supuestos falsos. Mira lo profundo de tu corazón, encontrar las palabras que necesita escuchar, y luego decir en voz alta.

La curación de su chacra del corazón

Como cualquiera que haya experimentado un corazón roto sabe, cuando el corazón se lesiona se necesita tiempo para sanar. Lo importante para recordar es que la curación es posible. Se puede sentir como estarás atrapado en la oscuridad para siempre, pero hay que confiar en que hay una luz al final del túnel. El tiempo y la acción ayudará al proceso de curación.

Volver a conectar con sus seres queridos

Las personas que experimentaron un chacra del corazón bloqueado a menudo se sienten como si las personas que se preocupan por no se preocupan por ellos. Esto los lleva a los lazos Sever y crean distancias artificiales, rompiendo lazos emocionales saludables y comenzar una espiral descendente emocional. debe hacerse un esfuerzo consciente para invertir esta tendencia, y que los medios llegar y volver a conectar con la gente.

Hay gente en su vida que le atienden. Puede que no se siente como que, en el momento, pero si se mira hacia atrás en su vida a través de los ojos claros se va a ver los signos de amor y afecto. Dejar de obsesionarse con los individuos que no se enfoque y puede ser que ame a los que han demostrado su preocupación. Llegar a ellos y hacerles saber lo mucho que significan para ti.

Esto puede ser un proceso difícil que puede no ir tan usted esperaría. A veces puede ser difícil de reconstruir las conexiones que han sido dañados. Pero si se puede establecer una conexión única basada en el amor verdadero, entonces usted tiene a alguien que le puede proporcionar con el apoyo externo que necesita para hacerlo a través del proceso de curación.

Apreciar las muchas formas que toma el amor

En la sociedad occidental moderna, hay una tendencia a fijarse en la forma romántica del amor. Mientras que el amor romántico es una cosa hermosa, es esencial que usted entiende que el amor viene en muchas formas diferentes. El amor puede provenir de miembros de la familia y amigos; que no sólo provienen de parejas románticas.

Usted podría estar pasando por un período en su vida donde usted está experimentando problemas con su vida romántica. Por favor entienda que esto no quiere decir que no es amado. Tener una pareja romántica no es un requisito previo para ser amado. Una vida sana implica amor que proviene principalmente de fuentes no románticas. La familia y los amigos deben proporcionar un lecho de roca emocional que el amor romántico puede construir. No se sienta como en su capacidad de ser amado está ligada a sus fortunas románticas.

Hacer algo bueno por otra persona

A veces es difícil encontrar positividad en nuestras vidas. Cuando eso sucede tenemos que hacer nuestra propia positividad. Salir y encontrar a alguien que puede ser amable con. No tiene que ser algo importante; simplemente podría complementar un extraño. Por supuesto, si se puede hacer algo más grande, entonces definitivamente debe. Ser voluntario o encontrar alguna otra manera de ayudar a las personas a cabo es una gran manera de generar energía positiva.

La otra ventaja de esta actividad es que se necesita la atención de usted y la apunta hacia el exterior. Las personas con chacras del corazón bloqueados menudo obsesionarse con el hecho de que los demás no se preocupan por ellos, mientras que se centran en sí mismos tanto que ellos no tienen ninguna energía para otras personas. Esto crea otro espiral descendente donde la auto absorción conduce a la soledad. Romper el ciclo de apartar la vista de sus propias luchas y preguntar cómo puede ayudar a otra persona con el de ellos.

Capítulo 5: Garganta Chacra - Vishuddha

Sobre el chacra

El quinto chacra se Vishuddha, más comúnmente conocido como el chacra de la garganta. Su nombre significa "purificación" en sánscrito. Este es otro chacra que es fácil de localizar; que está situado entre los huesos del cuello, en la base de la garganta. Desde esta zona sus efectos llegan hasta las amígdalas, hasta los hombros, y todo a través de su garganta y el cuello.

El poder de este chacra está relacionado con el papel de la garganta en la comunicación. Si el viento no podía viajar a través de la garganta que podría no ser físicamente capaz de hablar, así que tiene sentido que viajar energía a través de esta región también afecta a su comunicación.

Los síntomas de la obstrucción

Las gargantas en sí espiritualmente en nuestra comunicación se manifiesta chacra, por lo que cuando este chacra está bloqueado conduce a problemas de comunicación. Un bloqueo puede hacerte miedo de hablar, o se puede hacer que se oculta información por miedo de lo que podría suceder si se expone a sí mismo. Los individuos con una bloquearon chacra de la garganta a menudo encuentran que su lengua parece estar ligada, o que las palabras están siempre en la punta de la lengua y sin embargo todavía fuera de su alcance.

Otro síntoma importante a tener en cuenta es una sensación vaga y persistente de culpabilidad. Esta culpa podría basarse en preocupaciones reales, pero también puede ser causada por problemas imaginarios o mal entendido. Lo que importa es el hecho de que los siente individuales simultáneamente culpables y que no pueden hacer frente adecuadamente su culpabilidad.

problemas físicos relacionados con el chacra de la garganta incluyen dolor de garganta, rigidez en el cuello, y los problemas incluso con los hombros. También puede manifestarse en sí en una experiencia dolorosa o hablar en una áspera o la voz tensa.

La identificación de chacra de la garganta bloqueada

Una de las causas más importantes para el bloqueo chacra de la garganta es la culpa, y una de las maneras en que esto se manifiesta es en temas de comunicación. Los problemas físicos tienden a aparecer en el área alrededor de los hombros, el cuello y la parte posterior de la boca. Sigue leyendo y ver si se puede relacionar.

- Dificultad para hablar
- Tartamudeo
- La frustración por la falta de comunicación
- Dolor de garganta

- Problemas de autoestima
- los dientes dolorosos
- Una sensación de aislamiento
- Amigdalitis
- El aumento de la timidez
- problemas de audición

El chacra de la garganta está estrechamente ligada a ambas cuestiones espirituales y físicas. No se estira sobre un área grande, pero todavía puede causar problemas significativos si se bloquea. Si usted siente que está teniendo problemas con la comunicación o problemas físicos localizados alrededor de su garganta, entonces usted debería considerar trabajar en su chacra de la garganta.

El balance de su chacra de la garganta

El chacra de la garganta es esencial para la comunicación. Nos permite decir la verdad y manifiesta una realidad mejor. Por eso no se puede permitir que un chacra de la garganta desequilibrada de persistir; la verdad necesita ser hablado. No permita que sus palabras se acumulan dentro de usted, encontrar una manera de dejar que ellos sean libres.

1. Localizar una habitación o espacio libre donde se puede disfrutar de cinco a veinte minutos de meditación ininterrumpida.
2. Baje el cuerpo hacia abajo sobre el suelo y se sitúan en una posición cómoda pero resistente. Sentarse delante de altura y cara.
3. Cierra tus ojos. Llegar a su garganta y tocar el área entre los omóplatos. Ahora imagine una luz azul que forma justo detrás del área que tocó.
4. Tome respiraciones lentas y regulares. Imagen de la luz en la garganta ampliando con cada respiración, llenando la garganta.
5. Siente la energía se acumula adentro de ti. Escuchar en el silencio de palabras que quiere decir, pensamientos que necesita expresar. Sienten ellos bobinado dentro de ti en el silencio.
6. Ahora abre la boca y, o bien decir las palabras que estás pensando en voz alta o la boca las palabras, si usted quiere permanecer en silencio. Imagine que sus palabras están hechas de luz azul, que salía de la garganta e iluminando la oscuridad que le rodea.
7. Tome un momento y sentir la carga que se ha levantado de su parte. Sentir el interior de la ligereza de ustedes y todo el espacio abierto ahora que esas palabras no se encuentran atrapados dentro de ti.
8. Imagine que la luz de sus palabras todavía permanece en la distancia como bandera brillante de la luz azul. Parece que la aurora boreal.
9. Tomar el sol en la belleza de su verdad. Medita en el hecho de que su discurso tiene el poder. Sentir que el poder dentro de ti mientras se sienta y respira lenta y regularmente.

10. Una vez que siente que su sesión de meditación ha seguido su curso, puede abrir sus ojos lentamente. No comience a moverse o hacer cualquier otra cosa inmediatamente, tratar de permanecer sentado durante unos minutos.
11. Póngase de pie lentamente. Toque su garganta una vez más y susurro una palabra de saludo al mundo. Siente como sus movimientos de garganta, una manifestación física de tu verdad que entra en el mundo.

Una de las cosas buenas de la meditación en la privacidad de su propio espacio personal es el hecho de que puede dejarse invadir por sí mismo. Muchas personas pasan la vida como actores, diciendo las palabras que piensan que se supone que decir en lugar de las palabras que quieren decir. A veces, usted debe mantener su lengua, especialmente cuando están siendo movidos por energías negativas, pero también hay que tener puntos de venta donde puede expresarse de forma segura. No se sienta como que necesita para censurar ti mismo y no se castigue si no te gusta las palabras que terminan diciendo. Aceptan que salieron de la boca y los utilizan para identificar las áreas es posible que aún necesitan trabajar en. Esa es una de las razones por las que la honestidad es tan importante. Si no se enfrentan a sí mismo con los ojos claros, entonces nunca va a ser capaz de abordar los verdaderos problemas que está enfrentando.

En tercer mantra chacra de la garganta

Un chacra de la garganta bloqueada puede impedir la comunicación clara. Es por eso que es importante tomar medidas para recuperar su poder de comunicación. Una forma de hacer esto es mediante el uso de un mantra.

El poder del sonido chacra de la garganta es "RAM". La vibración de las ondas sonoras creadas por este mantra vibrando a través de la garganta puede ser un acto de curación en sí mismo. Recuerde, lo físico y lo espiritual están íntimamente conectados. Los mantras son sonidos más justo; vibran con la energía espiritual que su chacra reaccionará a.

Si usted está teniendo dificultades con el bloqueo chacra de la garganta, entonces usted puede encontrar que es difícil decir su mantra en voz alta. A veces el mantra puede ayudar en la limpieza de la obstrucción, lo que le permite hablar con mayor poder como lo repites. Sin embargo, también se debe recordar que usted no tiene que decir el mantra en voz alta. Se puede imaginar a sí mismo diciendo el mantra y cosechar muchos de los mismos beneficios que decirlo en voz alta.

afirmaciones chacra de la garganta

Otra manera de utilizar su garganta física para aclarar su chacra de la garganta es mediante la repetición de afirmaciones. Estas son frases que se puede decir que meditas, mientras se prepara para salir por la mañana, o cada vez que siente que necesita algo para ayudar a generar más energía y enfocar su atención.

- Tengo algo que decir.
- Yo vivo la vida que estoy destinado a vivir.
- Hablo y las personas que se preocupan por mí escucho.
- Merezco ser escuchado y respetado.
- No puedo encontrar las palabras adecuadas para decir si busco dentro de mí.
- Doy un regalo para el mundo cuando comparto mi sabiduría.

Al igual que con los mantras, usted no tiene que decir estas afirmaciones en voz alta si no está en condiciones de, o no se siente movido a. Sin embargo, tener en cuenta la conexión entre lo físico y espiritual. Cuando se puede obtener ambas partes de su naturaleza en alineación se puede lograr más de lo que jamás podría utilizar por separado. Es por esto que es tan poderoso para decir estas afirmaciones utilizando su cuerpo y mente al unísono. Cuando su cuerpo y el espíritu están alineados en su propósito, que es mucho más fácil de lograr cierto equilibrio.

La curación de su chacra de la garganta

El chacra de la garganta está íntimamente relacionado con la comunicación y la comunicación es la base de las relaciones humanas. Problemas con el chacra de la garganta no terminan cuando se ha alcanzado el equilibrio, se debe también trabajo para abordar los efectos a largo plazo de los problemas de comunicación si usted quiere encontrar una paz duradera.

Di lo que sientes

¿Ha sido detiene? ¿Hay cosas que siempre decirlo, pero nunca ha puesto en palabras?

Si se mantiene la celebración de sus verdaderos sentimientos hacia atrás, luego se va a seguir generando energía tóxica que va a obstruir su chacra de la garganta. Equilibrar por sí sola no va a crear un cambio duradero si no se aborda el problema de raíz. Cualquiera que no pueda comunicar las verdades esenciales siempre tendrá que luchar con su chacra de la garganta.

Mire en el interior y sentir las palabras que son anhelo de salir. A continuación, mirar hacia el exterior y encontrar a alguien que puede hablar. Puede ser realmente liberar a abrirse a las personas que están cerca de usted, pero también se puede encontrar extraños que sean capaces de escuchar a usted si usted se preocupa acerca de la naturaleza sensible de lo que tiene que decir. Hablando con un profesional como un terapeuta le permitirá estar completamente abierto y seguro al mismo tiempo.

Trabajo para los errores del pasado correctas

Las energías negativas en su chacra de la garganta pueden llevar a sentimientos de culpa ilegítimos; También puede darse el caso de que la culpa sinceramente sentida puede conducir a un bloqueo. Si ha hecho daño a otras personas o hecho algo que podría dar una razón legítima para sentirse culpable, entonces usted debe tomar ninguna medida que pueda para limpiar tu conciencia.

Lo mejor que puede hacer es ir a la gente que pueda tener dolor y pedir perdón a ellos con total sinceridad. Escuchar sus preocupaciones y hablar con ellos de modo que es posible averiguar si se puede tomar ninguna medida para sus males derecha.

Este es un proceso difícil y tensa. Usted tiene que estar preparado para el rechazo. Algunas personas se niegan perdón. Están en su derecho y no se puede obligar a nadie a perdonarte. También es esencial recordar que el perdón no restaura mágicamente las cosas a la manera en que fueron. De todas maneras, tendrá que vivir con las consecuencias de sus acciones, pero usted tendrá la oportunidad de hacerlo mejor en el futuro. Eso es lo importante.

Perdónate

Si bien es importante buscar el perdón de los que podría haber perjudicado, es igual de importante que aprendan a perdonarse a sí mismo. Muchos pecados son distribuidos en los individuos mucho después de las transgresiones iniciales han sido olvidados por la víctima originales. Este tipo de auto abuso no ayuda al mundo en cualquier forma; sólo genera energía más tóxica.

No se puede cambiar lo que ha sucedido en el pasado. Todo lo que puedes hacer es tratar de expiar, crecer y avanzar como un ser humano. Mira en tu alma y ver si ha cambiado o no. Si ha logrado una transformación honesta, entonces usted necesita para dejar de lado el pasado y avanzar hacia un futuro mejor.

Capítulo 6: Tercer ojo Chacra - Ajna

Sobre el chacra

El sexto chacra es Anja, o el chacra del tercer ojo. Situado cerca del centro de la frente, este chacra reina sobre los globos oculares, los senos y glándula pineal. Pero el verdadero poder de este chacra proviene de la forma que le ayuda a conectarse con el mundo espiritual.

Este chacra es otra parte muy importante de su ser espiritual. Usted no puede darse cuenta de que usted está tomando en la información de su tercer ojo, pero siempre está. Ya sea que la información es clara y útil o embrollado y confuso depende de si o no este chacra se mantiene limpia y saludable.

Mientras que cada chacra facilita el flujo de energía entre su cuerpo y el mundo exterior, el chacra del tercer ojo es considerado como uno de los más importantes. Es el lugar donde se produce la mayor concentración del flujo de energía. Esta es la razón por un chacra del tercer ojo sano es increíblemente importante. Si se bloquea va a ser indefenso contra las diversas energías tóxicas que le rodea.

Los síntomas de la obstrucción

Un bloqueado tercer ojo crea un sentido de la ceguera o la conciencia perdida, pero la mayoría de las personas no son capaces de identificar exactamente qué sentido les ha fallado. Aun así, son capaces de sentir una palpable sensación de falta de rumbo, pérdida de dirección, y la confusión. El mundo puede sentirse envuelto en una neblina psíquico que hace que sea difícil encontrar el camino a seguir. También es común que un tercer ojo bloqueado para conducir a una sensación de estar separados de lo espiritual y atrapado dentro de las limitaciones del reino material.

Recuerde que el chacra del tercer ojo está conectado a la mente inconsciente. Esto significa que cuando la energía negativa impregna este chacra la negatividad se manifestará en su inconsciente, o pensamientos subconscientes. Tenga en cuenta el zumbido subyacente del pensamiento y la emoción que se encuentra en la parte posterior de su mente. Esto ayuda a transmitir la salud de su chacra del tercer ojo. Si usted se siente como una sensación de negatividad impregna sus pensamientos vagos, a continuación, este chacra puede estar bloqueado.

Los efectos físicos de una bloquearon tercera manifiesto chacra ojo en las zonas controladas por el chacra. Los dolores de cabeza localizados detrás de los ojos, nariz tapada, y una sensación general de malestar pueden ocurrir. Mira a ver si su confusión mental parece estar manifestándose en malestar físico o agitación. síntomas físicos tales extremos no son muy comunes, por lo que cuando lo hacen aparecer que deben tomarse en serio.

La identificación bloqueado chacra del tercer ojo

Es importante entender que un tercer bloqueo ojo es un problema grave. Incluso si usted no reconoce su conexión con el mundo espiritual que todavía dependen de esta conexión de energía y dirección. Cuando se cortó puede conducir a problemas graves. Ver si se puede relacionar con estas cuestiones.

1. juicios rápidos
2. La pérdida de la imaginación
3. Los dolores de cabeza
4. Dificultad para concentrarse
5. dolores de cabeza inexplicables
6. problemas de visión
7. El rechazo de la realidad espiritual
8. Pérdida del equilibrio
9. escepticismo injustificado
10. miedo persistente
11. Pérdida de memoria
12. Incapacidad para recordar los sueños
13. Insomnio

Estar separados de la esfera espiritual puede dar lugar a todo tipo de problemas. Si usted siente que está perdido en su vida y en la necesidad de dirección, entonces es casi seguro que necesita para equilibrar su chacra del tercer ojo. Equilibrar sus chacras podría no resolver de inmediato sus problemas, pero puede ayudar a encontrar la solución que busca. La curación espiritual no se trata de encontrar una solución rápida a sus problemas; se trata de la obtención de la fuerza y la visión necesaria para manejar las luchas antes.

El balance de su chacra del tercer ojo

Cualquiera que entienda la naturaleza espiritual de nuestra realidad debería ser capaz de ver que el chacra del tercer ojo es tan importante como los dos ojos físicos. Algunos dicen que es aún más importante, ya que muchas de las personas ciegas viven vidas felices, saludables y espiritualmente plena. La verdadera tragedia está pasando por la vida ciega a la realidad espiritual a su alrededor.

1. Localizar un espacio donde se puede sentar en privado durante cinco a veinte minutos.
2. Sentarse en una posición que está bien fundamentada, pero lo suficientemente cómodo que su postura no le distraiga de su meditación.
3. Tome una buena mirada en el mundo que le rodea. Tratar de bloquear tanto como sea posible en su memoria.

4. Ahora cierra los ojos. Imaginar el mundo que le rodea. Trata de recordar lo que vio antes de cerrar sus ojos, sólo que sin color.

5. A continuación, levantar la mano y tocar el centro de la frente, justo encima de las cejas. Imagínese un resplandor púrpura oscura que emana de su frente.

6. Respire lentamente, tratando de mantener la imagen del mundo que le rodea en su cabeza junto con la luz resplandeciente que está creciendo más y más grande en su frente.

7. Imagínese que con el tiempo el brillo comienza a brillar por delante de usted. Fluye a través de la zona a su alrededor. Pronto todo es brillante, pulsando con la luz de su energía interna.

8. Mira en la distancia y ver los puntos brillantes de color morado oscuro al igual que el suyo propio. Sentir las personas que le rodean, junto con los animales, las plantas y la tierra misma. Todo está brillando con la energía.

9. Respirar profundamente y lentamente, teniendo en el mundo del espíritu que le rodea en cada momento del día. Reflexionar sobre el hecho de que está conectado a este mundo de la energía por un lazo eterno. Tratar de encontrar la relajación y la seguridad en este hecho.

10. Deje que la meditación siga su curso. Una vez que se siente como si se hace, abre los ojos lentamente.

11. Sentarse en el suelo unos minutos más antes de levantarse lentamente.

Una vez que se pone de pie usted debe buscar en el mundo que le rodea con nuevos ojos. Tratar de recordar la energía que viste sólo momentos antes. Darse cuenta de que sigue ahí, incluso si no puede verlo con sus propios ojos.

El mundo es mucho más grande que lo que puede ser capturado por la cámara. Una máquina puede duplicar la semejanza de un ser humano, pero no puede captar su alma. Todo en este universo irradia una energía única, y esto es lo que recoge el tercer ojo hacia arriba. Empujando a los supuestos naturalistas y ver el mundo en todo su esplendor le ayudará a volver a conectar con su tercer ojo. Una vez que empiece a ver el mundo a través de su visión del tercer ojo, nunca serás capaz de mirar de la misma manera otra vez.

afirmaciones chacra del tercer ojo

El tercer ojo es el enlace entre la mente y el universo de energía a su alrededor. Se le permite ver las cosas invisibles de este universo. Este es un poder al alcance de todos, pero la mayoría no lo reclama. Es por eso que usted debe hablar palabras de poder y reclamar sus habilidades divinamente dotadas.

- Soy una parte del gran flujo de energía de la existencia.

- Estoy constantemente abierta al sentido de las agujas del universo.
- Puedo ver el camino por delante de mí en el ojo de mi mente.
- Siempre estoy aprendiendo y avanzando.
- Sé que el camino a seguir, incluso cuando no puedo ponerlo en palabras.

Estos son sólo ejemplos de afirmaciones. Siente libre para iniciar escogiendo uno de ellos, pero usted debe tratar de hacerlas suyas. Su tercer ojo que ofrece una conexión directa e íntima con el universo; no hay una sola manera de acercarse a algo tan masivo y sagrado. Es por eso que es tan útil para encontrar palabras que son personales porque es la mejor manera de interiorizar lo que está diciendo.

Chacra del tercer ojo mantra

Tratar con un tercer ojo bloqueado es una de las más difíciles tareas mentales de manejar cuando tratan de lograr el equilibrio. Esto se debe a problemas con su tercer ojo pueden nublar su cerebro, dando lugar a una sensación de estática y la confusión. Si no encuentra una manera de cortar a través del ruido y centrarse en la tarea en cuestión, entonces tendrá un tiempo difícil el logro de resultados.

Esta es la razón por el tercer mantra del chacra del ojo es especialmente útil. El sonido "OM" es la tercera mantra ojo, y es probable que haya oído antes. Es el sonido que usted oye normalmente utilizando actores cuando tratan de describir a alguien meditando en obras de ficción. Mientras que tales representaciones pueden distorsionar la forma en que la gente entiende mantras y meditación, lo hacen llegar a la verdad real.

Por cosechar este mantra se crea algo para anclar su mente. Cuando su tercer ojo está claro se puede sentir como si se pierden o ser arrastrado en distintas direcciones. Su subconsciente puede llegar a ser más volátiles, interrumpiendo su tren de pensamiento en momentos inoportunos. Al repetir el mantra sagrado de OM se puede dar a su mente algo saludable para enfocar. Es como las luces en una pista del aeropuerto, que le ayuda a encontrar el punto donde tiene que ir, incluso cuando se oscurece su visión.

No siempre es necesario utilizar un mantra cuando el balance de su chacra del tercer ojo, pero aún debe tratar de recordar este mantra. Si alguna vez se encuentra con dificultades durante la meditación es útil tener algo que se puede utilizar para volver por el camino correcto.

Una palabra de advertencia

Cabe señalar que a medida que nos fijamos en estos chacras superiores que hay que entender que hay una progresión que sigue el sistema de chacras. Recuerde que el primer chacra se llama la raíz, por lo que se puede imaginar el sistema de chacras como un árbol. Si la raíz de un árbol está enferma, entonces se va a morir, incluso si se toma gran cuidado de la fruta y las hojas.

Lo que esto significa es que usted debe tratar de equilibrar los chacras inferiores antes de dirigirse a los chacras superiores. Algunas personas creen que los chacras inferiores son menos importantes, pero la verdad es que es todo un sistema interconectado. Usted no se beneficiará de los chacras superiores hasta que se haya equilibrado el inferior.

Así, mientras que sin duda debe equilibrar su tercer ojo si es posible, no debe ir por delante para trabajar en sus sexto o séptimo chacras inmediatamente simplemente porque suenan los más importantes. Este es un error común que incluso experimentó estudiantes de estructura espiritual de curación. No pierda su energía; proceder de la raíz de modo que usted sabe que está construyendo sobre una base firme.

La curación de su chacra del tercer ojo

El tercer ojo es la ventana entre el alma y el mundo que le rodea. Si usted no ha estado tomando el cuidado de él, entonces su tercer ojo será como las ventanas en un coche que ha sido impulsada a través de la suciedad, la lluvia, el granizo, y enjambres de insectos. La limpieza de este tipo de un desastre requiere tiempo y compromiso.

trataka

Dada la especial importancia del tercer ojo en la vida espiritual, hay algunos ejercicios únicos que se han desarrollado para fortalecer y enfocar este chacra. Una poderosa técnica se llama Tataka. Es una forma de meditación centrada que implica velas. Se enciende una vela y la mirada en la llama, se centra toda su atención en el pico de la llamarada. Esta actividad aporta su visión física y de la vista espiritual en la alineación. Los seres humanos se sienten atraídos por el fuego, ya que es una fuerza física de gran alcance que está cargado de significado espiritual.

Reloj y observar cómo el fuego se siente vivo a pesar de que supuestamente es una fuerza de la naturaleza sin sentido. Considere su increíble potencial, incluso el más pequeño de la vela podría quemar una ciudad o un bosque si se dejó caer en el lugar equivocado. Pensar en cómo todo en este mundo está conectado, y lo que la naturaleza compleja y multifacética de fuego dice acerca de los seres humanos. Las vidas humanas son a menudo comparadas con velas, con la vida que vivimos en el presente ser comparado con la llama de la vela.

No hay una respuesta fácil. El acto de la contemplación es el punto de la actividad. Cuando nos fijamos en algo, tanto con su visión física y espiritual que traiga su bienestar en la alineación y el movimiento hacia el desbloqueo de su pleno potencial.

Tómese su tiempo para soñar

Usted puede sentir que su mente vaga sin ninguna razón en absoluto, pero es posible que su subconsciente le está dirigiendo de conformidad con su tercer ojo. La vida moderna está estructurada, ruidoso, y opresivo que la gente rara vez tienen la oportunidad de dejar su mente vagar libremente y sin culpa. Dese el regalo de la libertad mental.

También puede crear, mientras que su mente se distrae. Hacer garabatos o tomar notas puede ayudar a crear un registro de su proceso de pensamiento que puede ser capaz de aprovechar. Muchos profesionales creativos encuentran que algunos de sus mejores soluciones surgen cuando no están trabajando activamente en el problema.

Capítulo 7: Corona Chacra - Sahasrara

Sobre el chacra

La séptima y última chacra es Sahasrara, o el chacra corona. Se asienta en la parte superior de la cabeza, al igual que lo haría una corona. Es el chacra que se encarga de su cerebro, el cráneo y la piel. Así es, el chacra de la corona podría parecer que no cubre la cantidad de área, pero es extremadamente poderoso.

El poder del chacra de la corona es evidente cuando se comprende lo que hace. Este es el chacra que le conecta con lo divino. Es como una antena que está transmitiendo en los planos superiores de existencia, así como la recepción de los mensajes que podrían ser dirigidos a que a partir de estos reinos. Se dice que las revelaciones más importantes de la historia de la humanidad se han transmitido directamente a este chacra.

Los síntomas de la obstrucción

Veamos una vez más volvemos a la metáfora del séptimo chacra como un dispositivo de comunicación que nos conecta con lo divino. Con esto en mente, es fácil comprender que cuando este chacra está bloqueado va a lidiar con problemas similares a un bloqueo de antena o una antena parabólica en el mundo real. Las señales de que una vez estuvieron en voz alta y nítida, clara y de repente se convierte en borrosa, ininteligible, o completamente disponible. Esta es la razón por la gente con la corona chacras bloqueados a menudo se sienten como que han sido separados de la divina o abandonados por el cielo. Una crisis de fe es un signo común de bloqueo de la corona.

Las manifestaciones físicas se localizan principalmente alrededor de la corona de la cabeza. Los dolores de cabeza que se centran más alta en la cabeza, una incapacidad para dormir, cambios de humor y todo puede ser experimentado. Diferentes personas reaccionan a este bloqueo en función de su relación con lo divino. Algunos se deprimen, algunos se enojan, y algunos se convierten en un revoltijo de emociones diferentes. Lo que importa es que las emociones vienen de una sensación de desconexión de la divina.

La identificación de chacra de la corona bloqueado

Los bloqueos en el chacra de la corona pueden causar todo tipo de problemas, pero en la sociedad de hoy en día muchas personas toman estos problemas por sentado. Así que muchas personas han bloqueado chacras de la corona que empiezan a aceptar la situación como algo normal. Te mereces algo mejor, así que atento a los síntomas de obstrucción.

- aburrimiento persistente
- Narcisismo

- Enfoque en los bienes materiales
- Apatía
- Una sensación de desconexión con la divina
- Desesperación
- Una sensación de desconexión con el universo
- Las migrañas
- Sentimientos de abandono
- El fallo cognitivo

Todos estos problemas son motivos de preocupación. Temas como el escepticismo, el aislamiento espiritual, y el materialismo son tan comunes en este día y edad, pero a estas alturas ya deberían saber mejor que simplemente aceptarlas. Vivimos en un mundo espiritual y todos estamos conectados. A veces es difícil reconocer este hecho, pero nunca llegará un momento cuando es falsa. Al equilibrar su chacra se puede reconocer esta verdad, incluso a medida que experimenta las dificultades que la vida va a tirar de ti.

El balance de su chacra de la corona

Quiero subrayar una vez más la singularidad del chacra de la corona. La conexión que nos ayuda a establecer puede ser difícil para las personas de comprender, y, sin embargo, puede ser la conexión más significativa que podemos hacer. Es por eso que es tan importante para equilibrar su chacra de la corona. Recuerde, esto sólo debe hacerse una vez que haya equilibrada Su otra chacra.

1. Encontrar un área privada donde podrá disfrutar de cinco a veinte minutos de tiempo a solas ininterrumpida.
2. Sentarse en el suelo. Mantenga la espalda recta y la cabeza de su alta. Imagínese que usted está sentado antes de que alguien desea mostrar respeto.
3. Cierra tus ojos. Respirar profundamente y con regularidad. Siente eleve la energía hacia arriba desde su base, viajando a través de cada uno de los seis chacras anteriores antes de llegar a la punta de la cabeza. Ahora imagina que la punta de la cabeza empieza a brillar con una luz blanca brillante.
4. Coloque una mano en la parte superior de la cabeza y tratar de sentir el calor de la energía, ya que irradia de su corona.
5. Levante la otra mano para el cielo. No estire hasta ahora que perjudicará a sostenerlo durante unos minutos.
6. Ahora imagine que su luz blanca disparar hasta los cielos arriba, siguiendo la dirección de su mano levantada.
7. A continuación, la imagen que los cielos devolver el favor, el brillo de una luz blanca hacia abajo brillante y vasta sobre ti.
8. La luz no sólo se baña; que baña el área a su alrededor. Todo parece chispo y el brillo como si se lavó y se fortaleció. Sentir su bienestar y

reconoce que está siendo limpiado por el resplandor del cielo brillando sobre ti.

9. Tomar el sol en el resplandor. Respire regular y profundamente. Encontrar una manera de relajarse en la luz de amor del universo. Es posible que baje su brazo si empieza a sentirse incómodo.

10. Deje que la meditación continuar durante todo el tiempo que se siente llamado.

11. Una vez que usted siente que han sido lavados y refrescado, abre los ojos lentamente. Permanecer sentado durante unos minutos mientras se toma en el mundo con nuevos ojos.

12. Póngase de pie lentamente y mirar hacia el cielo. Es posible que ya no estará imaginando la luz, pero se debe recordar que todavía brilla sobre ti.

Equilibrar los seis de los chacras inferiores puede ser un proceso largo para algunos individuos, pero una vez que lo hace a la séptima, que comprenderá el valor de todo. Este es el paso donde las cosas se ponen en su última perspectiva. Una vez que sumergirse completamente en el mundo espiritual, que no sólo se llega a apreciar las profundidades de su propia alma, también reconocen la escala y la fuerza del universo. Pero más que eso, vas a entender que vivimos en un universo impulsado por el amor, no un frío y desierto vacío. Incluso si usted ha viajado en las profundidades del espacio, a pesar de ello no estar solo, a la luz de los cielos siempre brillará en los que la buscan.

Corona mantra chacra

Mientras que cada chacra es única y especial a su manera, el chacra de la corona sin duda se distingue de los demás. Una cosa que separa el chacra de la corona de los chacras inferiores es su mantra. El chacra de la corona no ha sido tradicionalmente vinculado con un mantra en la forma en que los otros chacras han sido.

Debido a que el chacra de la corona ayuda a facilitar la comunicación con lo divino, se cree comúnmente que usted debe permanecer lo más silencioso posible al reflexionar sobre este chacra. Sin embargo, si usted tiene un chacra de la corona bloqueado y usted está encontrando difícil de enfocar, entonces usted puede utilizar el mantra de "HA" para despejar su mente.

Tenga en cuenta que este mantra no se utiliza como el resto. No se debe decir que, como una palabra, pero en cambio, pronuncian gustado que está exhalando. Es el sonido del aire que fluye desde los pulmones, de la energía sale de su cuerpo y yendo hacia el universo. Mediante el uso de esta técnica puede involucrar las partes de su cerebro que se centra en el lenguaje sin llegar a quedar atrapados en el uso del habla normal. Esa es la idea con cada mantra, pero este mantra simplemente lo lleva al siguiente nivel.

afirmaciones chacra de la corona

El chacra de la corona puede ser difícil hablar sobre el uso de un lenguaje normal, y eso es una de las cosas que lo hace tan poderoso. Es necesario utilizar un lenguaje que le lleva fuera del mundo materialista y que lleva al reino de lo sagrado y espiritual.

- Soy amado por el creador del universo.
- Me hicieron para un propósito.
- Hablo y divinidad oye mi mensaje.
- Puedo oír la voz del universo que me llamaba.
- Voy a recibir los mensajes que estoy destinado a escuchar cuando estoy destinado a escucharlos.
- Estoy destinado a seguir una vocación más elevada.
- Nunca serán abandonados o abandonados.

Esta es otra área donde ayuda a buscar dentro de su alma para encontrar las palabras que hay que decir y escuchar. Las afirmaciones permiten llamar al universo mientras recordando a sí mismo de las verdades esenciales. ¿Qué mensaje le daría a la divina? ¿Qué se necesita para tener en cuenta para vivir una vida de plenitud espiritual? Si usted puede contestar a estas preguntas en palabras claras, entonces se puede llegar a una afirmación que mover montañas.

La curación de su chacra de la corona

La paciencia es una virtud esencial. Esto se aplica a casi todas las áreas de la vida, pero es especialmente importante cuando se trata de asuntos espirituales. El universo no funciona en nuestro tiempo. Tenemos que estar dispuestos a operar en la fe, haciendo lo que es correcto y confiar en que vamos a lograr nuestros objetivos en el tiempo. La curación de su chacra de la corona puede tomar un tiempo, pero puedo garantizar que los resultados serán vale la pena cada minuto.

Leer textos sagrados

Uno de los errores comunes que rodean los chacras es que pertenecen a una sola tradición espiritual. Debido a que la palabra viene de Sandskrit y gran parte de los primeros conocimientos sobre los chacras proviene de la India, la gente asume que usted debe ser un hindú o budista a creer en los chacras. El quid de la cuestión es que esto simplemente no es el caso. Puede ser un miembro de cualquier tradición de fe y comprometerse con estas antiguas verdades. Es por eso que no hablamos de cualquier deidad en particular, sino que se refieren a la divina. Todos los fieles de la tierra de acuerdo en que existe una divinidad, pero las barreras artificiales a menudo mantienen a la gente de apreciar este hecho. Somos más parecidos que diferentes.

Con esto en mente, usted puede sanar su chacra de la corona en su compromiso con el texto religioso de su elección. Lo que importa es el hecho de que se acerque el texto con un corazón abierto, listo para recibir la sabiduría divina. eruditos religiosos comparativos han pasado siglos señalando todas las conexiones entre las distintas tradiciones de fe. Está claro que cuando se involucra con un texto religioso con fe sincera va a profundizar su conexión con lo divino.

Comunicarse con lo divino

Una cosa que usted debe recordar en todo momento es que nunca está realmente cortado de la divina. Si su chacra de la corona está bloqueada puede que no sea capaz de oír los mensajes que la divina le está enviando, pero eso no quiere decir que los mensajes no se envían. Asimismo, no significa que no se escuchan sus mensajes.

Nunca deje de llamar a la divina y nunca dejar de escuchar los mensajes del más alto. Tiene una conexión con lo divino que no puede ser cortada. Puede haber momentos en los que vaya a los sordos y la comunicación se siente de un solo lado, pero hay que perseverar todo lo mismo. Puede no ser capaz de oír la divina en su estado actual, pero la divinidad siempre te oír.

Comuna con otros viajeros

Los seres humanos no están destinados a vivir vidas de soledad. Estamos diseñados para vivir juntos, trabajar juntos, reír juntos, y aprender juntos. Si bien podemos lograr muchas cosas por nuestra cuenta, todas las mejores cosas de la vida suceden cuando somos parte de un grupo. Es por eso que ayuda a buscar a las personas que pueden unirse en su viaje espiritual.

Para aquellos que siguen una tradición religiosa más comunes, esto puede ser una tarea bastante simple. Asistir a un lugar de culto local donde la gente comparte sus creencias puede ser muy conveniente en estos casos. Pero no se desespere si se siente como si estuviera solo en sus creencias. Si se comprometen a la búsqueda de personas que puede compartir su viaje con, entonces es muy probable que encontrar su lugar.

Puede que tenga que sacrificios de viaje o realizar o abra su mente a ideas que no está de acuerdo con el personal, pero esto es de esperar. Las relaciones son sobre el compromiso y la conexión, es difícil crecer cuando se rodea de personas que no empujan a salir de su zona de confort.

Capítulo 8: La meditación Chacra

Hasta ahora hemos estado buscando en cada uno de los chacras de forma individual, el aprendizaje sobre sus propiedades, y cómo pueden ser equilibrado. Si bien es muy valiosa para saber cómo abordar las preocupaciones con chacras específicos, sino que también ayuda a tener un método de meditación puede utilizar que los balances de todos los chacras.

Cuando se intenta por primera tratando de llevar a ti mismo en equilibrio o se enfrentan a problemas graves, entonces es mejor centrarse en un solo chacra. Pero una vez que entra en el hábito de equilibrar sus chacras regularmente, entonces se va a realizar el mantenimiento mayor parte del tiempo. Esta rutina le permitirá equilibrar regularmente todos sus chacras en una sola sesión de meditación. Esto no quiere decir que van a ser introducidos en la alineación perfecta, que depende de la forma de ejecutar los pasos. Aun así, siguiendo esta rutina puede mejorar drásticamente su equilibrio espiritual y estabilidad.

Siete meditaciones del chacra

1. Comience por encontrar un área donde usted puede sentarse y disfrutar de un largo periodo de paz y tranquilidad. Desea reducir al mínimo las interrupciones que podría sacudir el proceso.
2. Sentarse en el suelo. Cruzar las piernas, manteniéndolas apretado y baja a la tierra. Siéntese derecho, no se deje queda atrás. El más equilibrado de su cuerpo es el más equilibrado de sus chacras serán.
3. Cierra los ojos y empezar a concentrarse en su respiración. Necesita hablar respiraciones a intervalos regulares, respirar profundamente y exhalar lentamente. Sentir el aire a medida que circula a través de su cuerpo, al igual que la energía espiritual que corre por ti.
4. El siguiente paso es liberar la tensión. Vas a ir a través de cada parte importante del cuerpo, moviéndose desde la cabeza hasta los dedos de los pies. En su mente se va a pedir a cada parte del cuerpo para liberar su tensión mientras exhala. Esto es algo que puede ser una lucha al principio ya que la mayoría de las personas no están acostumbrados a hablar con su propio cuerpo, pero si usted lo intenta en serio verá que funciona.
5. Una vez que esté relajado y su mente se ha calmado, imagen de la base del coxis. Ahora represente un punto de luz roja. Este es el chacra raíz. Mira como brilla y legumbres.
6. A continuación, se moverá hacia arriba a un punto unas pulgadas debajo del ombligo. Foto una luz naranja que brilla e irradia energía. Este es el chacra sacro. Sentir su energía.
7. Mover hasta un punto por encima de unas pocas pulgadas de su ombligo. Imagínese una bola de luz amarilla salir de ella y sigue

creciendo. Este es el chacra del plexo solar. Verlo crecer y vuelta, girando como una rueda.

8. Un paso adelante para el punto en el pecho justo al otro lado de tu corazón, busca una luz verde brillante. Este es el chacra del corazón. Ver como las legumbres y vibra, el equivalente espiritual de su corazón físico.

9. Ahora mueva hasta la base de la garganta. Ver una luz azul emergen de ella. Este es el chacra de la garganta. Siente la energía que fluye a través de él cada vez que toma una respiración, el envío de aire a través de la garganta.

10. Subir aún más alto hasta el punto en el frente justo encima de las cejas. Ver una luz púrpura emerger. Este es el chacra del tercer ojo. Ver como se mira en todas las direcciones, mostrando todo lo que necesita para ver.

11. Por último, se mueven hasta la punta de la cabeza. Imagine una luz blanca emerge. Este es el chacra de la corona. Se convierte en un disco que gira alrededor de su cabeza. Es una rueda, que es una corona, es su conexión con lo divino. Sentirlo, lo abraza.

12. Ahora imagina una cadena de luces de su coxis hasta la punta de la cabeza. Ver ellos se unen, formando un arco iris línea que corre a lo largo de su columna vertebral. Siente la energía que emana de esta cadena de alimentación. Mira cómo se expande el arco iris y lo rodea con un deslumbrante despliegue de luces.

13. Usted acaba de abierto a todos y cada chacra. Sentir los flujos de energía en forma ahora que usted está abierto al mundo.

14. Tómese su tiempo para relajarse, una vez más, tranquilamente tomando el sol en su nuevo estado.

15. Una vez que siente que ha meditado lo suficiente, abre los ojos, pero permanecer sentados durante unos momentos.

16. Ahora póngase de pie lentamente, hacer un poco de estiramiento, y prestar atención a su cuerpo. prestar atención a cómo se siente su cuerpo después de la meditación. Tomar nota de cualquier cambio.

17. ¡Felicidades! Si has seguido todos los pasos que ha abierto con éxito y alineados todos sus chacras por primera vez.

En este punto es importante recordar que la salud espiritual es un viaje, no una cosa de una sola vez. Si las cosas se sienten un poco incómodo al principio no hay necesidad de preocuparse. Esto es algo completamente nuevo para usted, y es natural sentirse de esa manera. Vivimos en un mundo materialista, donde todo lo espiritual es visto como extraño. Incluso si usted no comparte este punto de vista, sigue siendo posible interiorizarlo.

También vale la pena recordar que se necesita tiempo para conseguir la caída de nada. No vas a recoger una mancuerna y convertirse en un culturista en su primer día. El compromiso es necesario si desea que los resultados reales. Cada vez que meditas, puede ir más profundo y encontrar nuevas fuentes de fuerza interior. El poder ya está dentro de ti, todo lo que tiene que hacer es poner en el trabajo necesario para desencadenar la misma.

Cada chacra es importante

Una vez más, me gustaría volver a un tema recurrente de este libro: nunca se debe ignorar un chacra, ya que no se siente importante para usted. Hay demasiadas personas que quedan atrapados en el romance del corazón, tercer ojo, o chacras de la corona y comienzan a creer que tienen que enfocar sus energías en los chacras superiores. O es posible que tenga un problema de salud relacionado con uno de los chacras medias y enfoque en el chacra que esperas te curará sin tener en cuenta los otros.

Todo esto es comprensible, pero también es errónea. Mientras que los chacras son distintos en algunos aspectos, también son parte de un todo. La pierna superior, inferior de la pierna y el pie están formados por huesos separados, sino que deben trabajar juntos para hacer lo que se hicieron para hacerlo. Lo mismo ocurre con sus chacras.

Ya sea que esté haciendo meditación chacra o tratando de lograr el equilibrio a través de otros métodos, siempre recuerda que no se puede equilibrar adecuadamente los chacras superiores sin equilibrar los chacras inferiores. Se necesita un poco de paciencia para dar a cada chacra de la atención que merece, pero al final encontrará que sus esfuerzos se verán recompensados.

Consejos para la meditación

La meditación no tiene por qué ser complejo, pero todavía hay cosas que debe saber si desea obtener el máximo provecho de esta maravillosa actividad. Si se mantiene un par de cosas en mente, usted encontrará que es más fácil construir una rutina de meditación exitosa.

Medite tan pronto como sea posible

Mientras meditaba es una gran actividad para casi cualquier hora del día, el momento más efectivo para la meditación es poco después de levantarse. Meditación Kundalini es una gran manera de equilibrar sus chacras y generar energía positiva. Hacer esto a primera hora de la mañana le preparará para el día por delante de usted, lo que le permite sacar el máximo provecho de cada momento que usted está despierto.

También vale la pena teniendo en cuenta que a medida que avanza el día y que se enfrentan el estrés y las energías tóxicas, en un estado inferior al óptimo de la mente, usted podría encontrar que usted no siente que quiere meditar más tarde en el día. Esto puede conducir fácilmente a los días omitidos y una espiral descendente que pudiera poner en peligro su nuevo hábito de la meditación.

Por lo tanto, si se puede meditar en la mañana, tratar de hacerlo tan pronto como sea posible después de despertarse. Se le agradece que lo hizo durante todo el día.

Comience con sesiones cortas

Mientras que cada minuto que pasamos meditando le ofrece la oportunidad de equilibrar sus chacras y en comunión con el universo, se debe tener en cuenta que a veces se puede tener demasiado de algo bueno. Lo importante es crear un hábito de la meditación, y si se intenta y meditar demasiado en la dificultad de comenzar es posible que tenga entrar en el hábito.

Recuerde el lema, salud espiritual es similar a la salud física. Nunca se debe pasar de ser un adicto a la televisión completa a tratar de correr un maratón durante la noche. Del mismo modo, si usted nunca ha meditado antes, entonces probablemente no debería comprometerse a meditar durante horas todos los días.

Si usted comienza a cabo la meditación durante cinco a diez minutos y se agrega lentamente el tiempo, entonces usted será más probabilidades de lograr resultados positivos. Escuchar a su cuerpo y sentir su energía. Si se siente llamado a meditar más, y luego ir a donde usted siente que debe. Por otra parte, no se esfuerce por orgullo, ansiedad o impaciencia terminado.

Considere la reproducción de música

Si necesita ayuda para despejar su mente o simplemente establecer el estado de ánimo, a continuación, tratar de meditar con una banda sonora. Usted quiere elegir calmar la música instrumental que no le distraiga. La música debe ser como la banda sonora de una película, lo que acentúa la acción sin abrumar él.

Intenta meditar con y sin música y ver cómo reacciona a ambos. Usted puede ser sorprendido por lo que descubra. Algunas personas que suelen escuchar música descubren que necesitan estar a solas con sus pensamientos, mientras que otros acaban encontrando que la música les ayuda a alcanzar mayores profundidades emocionales. Todo el mundo es diferente y diferentes tipos de música crear diferentes reacciones. Experimentar y ver lo que resuena con usted.

Si usted puede tomar un momento, se puede meditar

El último consejo en este capítulo es la siguiente: usted no necesita una sala especial para mediar en cualquier lugar donde se puede encontrar un poco de paz y tranquilidad podría ser un punto potencial de mediación. Mucha gente ama a meditar exterior. Si usted no se siente conectado a tierra, puede ayudar a meditar con el suelo bajo sus pies.

Incluso puede utilizar técnicas de meditación cuando no se puede conseguir paz y tranquilidad. Si se puede cerrar los ojos y practicar la respiración, puede salir del mundo normal para un poco. Esto significa que puede medite en su escritorio, en el autobús, en el DMV, o en cualquier otro lugar. Puede que no quiera ir a través de algunos de los ejercicios de meditación más elaborado que hemos discutido en este libro, pero se puede calmarse y encontrar su centro usando este enfoque.

Capítulo 9: Reiki Chacra

¿Qué es el Reiki?

A medida que profundizar en el mundo de la curación espiritual, que está seguro de encontrar una práctica conocida como Reiki. Este es un método de curación espiritual que viene de Japón. El nombre combina los símbolos japoneses para "alma" y "energía de la vida" (Fueston 3). Por lo tanto, el nombre está cargado de simbolismo, en declaraciones a la energía del alma. Esta es la misma energía que hemos estado hablando en este libro. Es la energía espiritual que fluye a través de todos nosotros.

Aunque Reiki tiene sus raíces en las tradiciones espirituales de Japón y Asia continental, la práctica moderna de Reiki iniciado en 1922 por un hombre llamado Mikao Usui (Yamaguchi 62). Desde muy temprana edad Mikao era un brillante y joven inquisitiva, con intereses más allá de su edad. Estudió budismo y las artes marciales, los cuales le ayudó a dominar su cuerpo y su espíritu.

A medida que crecía Mikao sus estudios le mostraron un mundo de nuevas posibilidades. Mientras que él creció en las tradiciones budistas locales también tuvo conocimiento de otras religiones (Fueston 25). Todos sus estudios le ayudarían a llevar a la epifanía que tenía en una montaña llamada Monte Kurama (Stein). Él cree una nueva forma de curación se le había dado a él, y que era su trabajo para extender este método a cualquiera que pudiera ayudar.

Si bien el alcance de Mikao era bastante limitado en su vida, sus enseñanzas se extendieron rápidamente a sus seguidores viajaron a través de Japón y en todo el mundo. Mikao pensó en nuevas técnicas; sus seguidores enseñaron a la gente acerca de ellos.

La idea fundamental de Reiki es que hay una energía universal que fluye a través de todos nosotros. Esta energía nos mantiene saludable cuando está fluyendo libremente, pero cuando el flujo de energía se ralentiza o se detiene entonces surgen problemas. ¿Esto te suena familiar?

Mikao sacó de las mismas tradiciones que nos dio el sistema de chacras. Reiki originalmente utilizado la palabra "tanden" para referirse a los vórtices de energía, pero ahora los usuarios de Reiki comúnmente hablar de chacras. El punto es que Mikao tomó el conocimiento de que ya estaba establecido y ha añadido nuevos conocimientos sobre cómo se podía manipular el flujo de energía y la curación podría ser transmitido de una persona a otra.

Hasta ahora nos hemos centrado en lo que puede hacer para encontrar y resolver los problemas con sus chacras. Lo Reiki ofertas es un sistema por el cual podemos ayudarnos unos a otros a alcanzar el equilibrio espiritual.

sanadores Reiki están equipados para identificar los bloqueos de energía y sanar con sus manos desnudas.

Las manos son muy importantes en Reiki. La idea es que una vez que alguien se ha conectado con la energía universal, pueden entonces canalizarla en las palmas de sus manos. Esto convierte a las manos en herramientas de curación que puede manipular el flujo de energía y mejorar el bienestar espiritual.

aura lectura

Otro aspecto de Reiki es el concepto de aura. Esto es algo que la mayoría de la gente ha oído hablar, pero a menudo entienden mal. Un aura no es algo que se encuentra fuera de un individuo, que está dentro de ellos. Sin embargo, las técnicas especiales de Reiki pueden revelar el aura de una persona y ayudarles a localizar los problemas. espectáculos negatividad hasta lo más oscuro manchas que necesitan ser abordados antes se puede lograr el flujo de energía adecuada.

Esto es muy relevante para lo que hemos estado hablando en este libro. Un aura sucia es una señal de los chacras que están fuera de equilibrio. Si usted es capaz de leer su propia aura, a continuación, puede identificar las áreas que necesitan trabajar en.

La idea es que todas las prácticas de Reiki comienzan conectando con la energía que nos rodea y aprender a reconocerlo. Una vez que podemos sentir la energía en el mundo que nos rodea, entonces también podemos examinar la energía que fluye dentro de nosotros mismos.

El proceso comienza ya que muchos de estos procesos, mediante el cierre de los párpados. Una vez que estén bien cerradas, entonces la mente estará libre de imaginar el flujo de energía. El siguiente paso es medir ese flujo, mediante la celebración de sus manos unas pocas pulgadas de su cabeza y luego, lentamente, moviéndose por todo el cuerpo.

Reiki dice que, si está bien puesto a punto en la energía de la vida, entonces usted será capaz de sentir donde es más fuerte y donde es más débil o fuera de orden.

Estos análisis pueden realizarse lentamente y de una sola vez, o que se pueden hacer en las ondas. Un análisis rápido puede ser utilizado para recoger los puntos obvios de interés. A continuación, puede volver atrás y centrarse en aquellas áreas de manera que se puede señalar que las cuestiones que sean.

Si se pregunta qué esto tiene que ver con los chacras, la respuesta es simple. Si usted sabe dónde cada chacra está dentro de su cuerpo y saber dónde está su energía es más débil, entonces usted puede encontrar rápidamente los chacras que requieren su atención inmediata. Esto le da otra herramienta para utilizar en su búsqueda de la salud espiritual, si usted está teniendo dificultad para descubrir los desequilibrios, centrándose en los síntomas.

Una cosa que hay que entender es que esto no es una habilidad que se puede recoger en cuestión de minutos. Se necesita una gran cantidad de práctica, paciencia y una base sólida en el pensamiento espiritual. Si desea realizar un aura correcta lectura en sí mismo, entonces usted debe comenzar por aprender más sobre Reiki de una fuente dedicada al tema. Nosotros simplemente no tenemos suficiente espacio en este libro para cubrir todo lo que necesita saber con el fin de desbloquear el poder de sanación Reiki.

Sin embargo, si usted siente que ya está en contacto con la energía del universo, entonces puede ser que también intente y se da una exploración aura. Esto puede ser una gran herramienta para la localización de las áreas problemáticas antes de que lleguen demasiado largo.

Sanación espiritual

Aprender a analizar su propia aura le puede ayudar en muchas maneras, pero es sólo el comienzo de lo que Reiki tiene que ofrecer. Recuerde, Reiki no se trata sólo de diagnosticar un problema. Es también un sistema para la curación.

Después de reconocer una energía fluya el Reiki sanador a pasar a los pasos siguientes. Ellos comenzarán enfocando su energía hacia un fin determinado. Es importante tener una idea clara de lo que está haciendo cada vez que se trata de energía espiritual. Si se trata de usar la energía fuera de foco, entonces usted es mucho menos probable que lograr los resultados que está buscando.

El siguiente paso es hacer uso de uno de los muchos símbolos de Reiki. Estas son señales que se pueden realizar con la mano que le dará a su lado de alimentación adicional. El sistema de chacras se llena con todo tipo de símbolos, por lo que esta es una práctica comprensible. Es necesario tener cuidado al canalizar la energía, sobre todo cuando se va directamente de una persona a otra con el propósito de curación.

Esta curación se logra cuando el sanador de Reiki coloca sus manos sobre la persona que está siendo curada y utiliza sus manos para redirigir el flujo de energía. Energía reacciona a la energía. Cuando un montón de energía de la vida se concentra en las manos, entonces puede ser objeto de un uso lograr hazañas asombrosas.

El detalle final de la cura de Reiki es que los practicantes de Reiki pueden controlar su nivel de conexión. El flujo de energía no es siempre en el mismo nivel, se puede reducir o aumentar de acuerdo con los deseos del practicante. Esta es la forma de energía negativa puede ser manejado por los curadores. El sanador llama la energía negativa de la persona con el problema y luego le corta su propio flujo de energía personal antes de que la energía negativa se filtre. Esta es una de las razones por las manos se utilizan en este proceso, que se encuentran muy alejados de los chacras.

Así que ahí lo tienen, una breve descripción de cómo funciona el Reiki curación. Reiki es un sistema muy singular, sino que utiliza muchas de las ideas que hemos hablado en este libro. Si usted está buscando métodos adicionales que puede utilizar para manipular el flujo de energía, entonces usted debe absolutamente estudiar Reiki en mayor profundidad.

Palabra de advertencia

Reiki es una herramienta maravillosa para la curación espiritual, pero no es un sustituto de la atención médica tradicional. Se puede utilizar como una herramienta complementaria. Definitivamente, usted puede visitar tanto un médico y un sanador Reiki y dejar que ambos hacen lo que pueden. Aun así, no debe abandonar la medicina moderna sólo porque usted descubrió el Reiki. También vale la pena señalar que no todos los sanadores son dignos de confianza. Si un sanador Reiki hace promesas que suenan demasiado bueno para ser cierto entonces que muy bien podrían ser.

Una vez más, Reiki y otras técnicas de sanación espiritual son excelentes herramientas para su salud espiritual, pero no son sustitutos de la medicina y todo lo prescrito por su médico.

Capítulo 10: usos cotidianos de los cristales de Chacra

Una de las cosas sorprendentes sobre los chacras es la profundidad de la sabiduría que les rodea. Si bien hemos entrado en una cierta profundidad con respecto a cada uno de los chacras siete hasta ahora en este libro, sólo hemos empezado a rascar la superficie. Después de todo, los chacras han sido estudiados por los eruditos y sabios desde hace miles de años, las bibliotecas enteras podrían ser llenados con el trabajo escrito en estos siete conductos espirituales.

Un área fascinante de estudio es la conexión entre chacras y cristales. A lo largo de la historia, la humanidad ha mirado piedras preciosas y los imbuido de un profundo significado. A través de un cuidadoso estudio y la experimentación, los individuos sabios fueron capaces de establecer conexiones entre ciertos minerales y los diferentes chacras. Se cree que ciertos materiales reaccionan a la vibración del chacra, creando una conexión que le ayuda a llevar el chacra en equilibrio.

Para experimentar los beneficios espirituales de cristales por sí mismo sólo hay que encontrar la piedra adecuada para un chacra dado y usarlo en consecuencia. Echemos un vistazo a las diferentes piedras y luego ver cómo pueden ser objeto de un uso.

Piedras diferentes para diferentes chacras

chacra de la raíz

Cristales: rubí, granate, jaspe rojo y cuarzo ahumado

Cada uno de estos cristales tiene propiedades particulares que ayudan a contrarrestar los problemas relacionados con un bloqueo en el chacra raíz. Recuerde que debido a que la raíz es la base y el fundamento de su ser espiritual, la preocupación principal a tener en cuenta es que las hojas de un bloqueo que se sienta desconectada y desarraigados. Con esto en mente, usted debe considerar el uso de los cristales para ayudar a restablecer sus conexiones con el mundo espiritual y la raíz a sí mismo firmemente en su suelo espiritual saludable.

Tomar una piedra adecuada, sostenerlo en sus manos, y sentarse en el suelo. Asegúrate de probar y sentarse en una posición tal que son como tierra y más equilibrada posible. Recuerde que lo espiritual y lo físico están conectados. Si su realidad física refleja el estado espiritual que está esforzándose hacia usted es más probable que tenga éxito.

Una vez que esté sentado cómodamente y de forma segura, es necesario cerrar los ojos y empezar a tomar respiraciones lentas y regulares. A medida que inhala y exhala usted debe imaginar que con cada aliento que exhala llegar abajo en el suelo espiritual debajo de ti, y con cada respiración se inhala se siente su progreso ser aceptado y abrazado.

Lenta pero seguramente va a arrancar de raíz a sí mismo cada vez más en el mundo espiritual. Las vibraciones del cristal ayudarán a acelerar la velocidad a la que las energías tóxicas son liberadas de su chacra de la raíz y se restablece el equilibrio.

chacra sacro

Cristales: ámbar, piedra de oro y cornalina

Mientras que las personas son a menudo más preocupadas por los niveles bajos de energía, sino que también es importante darse cuenta de que los chacras también puede tener problemas cuando suben los niveles de energía demasiado alta y el exceso de energía comienza a comportarse de forma destructiva. Es por eso que es útil saber cómo usar sus cristales para ayudar a eliminar el exceso de energía. Recuerde, la meta es el equilibrio y por lo que no quiere deslice demasiado lejos en una dirección determinada.

Tome su cristal y presionarlo cerca de la zona del cuerpo donde se encuentra el chacra sacro. Si usted no recuerda, está justo debajo de su ombligo. Una vez que el cristal está en su lugar, es necesario cerrar los ojos y tratar de sintonizar con la energía a medida que fluye a través de ti. Trate de sentir el exceso de energía que fluye a través del área que rodea a su chacra sacro.

Una vez que se siente como si estuviera en sintonía con la energía, tomar una respiración profunda y luego exhale el aire en sus pulmones y la energía en su chacra. Sentir la vibración del cristal, ya que resuena con su chacra y ayuda a extraer esa energía. Observe a su nuevo nivel de energía y repetir si es necesario. Sin embargo, desea tener cuidado. Usted no quiere expulsar demasiada energía. En la mayoría de los casos sólo se debe exhalar un par de veces y luego ver cómo van las cosas antes de seguir adelante. Muchas personas encuentran que es más fácil para deshacerse de la energía que para construir una copia de seguridad, por lo que por lo general es más seguro para conservar la energía cuando sea posible.

chacra del plexo solar

Cristales de jade amarillo, pirita y ámbar.

Algunas técnicas de cristal son complejos, mientras que otros son simples. No hay manera de que se debe usar cristales, esa es la belleza de ellos. La técnica que estaremos viendo en este momento es simple, pero potente.

Encontrar un lugar donde se puede establecer con seguridad y disfrutar de la paz y la tranquilidad durante diez a veinte minutos. Luego se tumbó en el suelo y colocar el cristal en su plexo solar. Si el cristal tiene una punta afilada, tratar de asegurarse de que esa punta está apuntando lejos de su chacra.

Ahora acaba de permanecer en el suelo, cerrar los ojos y sentir el flujo de energía. Siente la subida y bajada de su pecho mientras inhala y exhala.

Imagine que cada vez que el pecho se levanta se tira energías tóxicas de su chacra del plexo solar y lo empuja hacia el universo.

chacra del corazón

Cristales: esmeralda, cuarzo, aventurina, jade y kunzita rosa.

Mientras que obtendrá el máximo provecho de sus cristales si se utilizan de forma activa, también se pueden utilizar métodos más pasivos para lograr el equilibrio. Usted puede hacer esto mediante el uso de algo que va a mantener su cristal cerca del chacra que está diseñado para trabajar con ellos. Esto es más fácil con el chacra del corazón, ya que se encuentra en el área de su cuerpo donde muchos collares, naturalmente, vienen a colgar.

o bien se puede encontrar un collar que viene con un cristal incorporado que es apropiado para su chacra del corazón, o puede atar una cuerda alrededor de un cristal que ya tiene. Sólo tenga cuidado, ya que no quiere caer y perder un cristal valioso debido a un nudo mal atado.

Antes de poner en el cristal, se debe lavar en agua salada que se ha calentado. El trabajo en agua tibia y sal juntos para limpiar el cristal, su preparación para el futuro día. Ahora ponga en el cristal, colocándola contra su piel si se puede. Ahora seguir con su día y la sensación como el cristal que ayuda a estabilizar, sacando energías negativas y que le protege de las fuerzas tóxicos que quieren entrar en su chacra del corazón.

Cuando se hace el día, se debe lavar el cristal de nuevo antes de colocarlo en un lugar seguro para su almacenamiento. ¡Podría no parecer nada ha cambiado, pero un montón de energía negativa puede llegar a aferrarse a un cristal después de un largo día!

chacra de la garganta

Cristales: Angelite, aguamarina, y calcedonia.

La respiración consciente es una parte importante de lograr el equilibrio y la atención, por lo que la garganta se entiende que es importante. Se pueden combinar los cristales, respiración activa y cristales para ayudar a limpiar el chacra de la garganta de las energías negativas.

Tome su cristal y presione ligeramente contra la base de su cuello, descansando entre los huesos de la clavícula. El cuerpo aún tiene un surco natural que es un ajuste perfecto para muchas joyas más pequeños. Una vez que usted ha puesto el cristal en su lugar, vas a tirar de él hacia adelante, más allá de su barbilla.

La idea es que usted va a ser la inhalación de energía positiva y la exhalación energía negativa. A medida que inhala, se toma el cristal y tira de ella a su garganta, y al espirar se presiona el cristal lejos de su garganta. Desea que los movimientos y la respiración a ser lento y reflexivo, no es rápido y automático.

Con este ejercicio, su cristal le ayudará a tirar de la energía positiva del mundo a su alrededor y expulsar la energía negativa de su chacra de la garganta. Cierra los ojos y tratar de sentir el flujo de energía, experimentando el proceso de equilibrio, ya que se lleva a cabo.

Chacra del tercer ojo

Cristales: fluorita, lapislázuli, amatista, y sodalita.

El poder del tercer ojo proviene del hecho de que le permite ver cosas que no se pueden ver con sus ojos físicos. Otra forma en que se puede ver sin los ojos es a través de la visualización. Esto puede ser una poderosa herramienta para enfocar sus energías.

Tome su cristal, limpiarlo, y luego mantenerlo hasta su tercer ojo. Recuerde, es en el centro de la frente, justo por encima del nivel de las cejas. Una vez que tenga en su lugar, mantenerlo allí. Ahora cierra los ojos.

Con los ojos cerrados, visualizar lo que sea que quieres de la vida. Visualizarlo la mayor claridad posible, como si estuvieras viendo ante sus ojos. Zoom en los detalles, sienten los diferentes sentidos reaccionan a la escena, y le permiten jugar a cabo.

Este proceso hace dos cosas. Por un lado, orienta sus energías hacia su objetivo. La segunda cosa que hace es enviar su objetivo hacia el universo. Si quieres algo, tienes que pedirlo. Se olvida de muchas posibilidades de que usted no toma.

chacra de la corona

Cristales: El cuarzo claro, diamante, lepidolita y amatista.

El chacra de la corona es antena parabólica de su cuerpo, la difusión hacia el universo y recibir mensajes a su vez. En este ejercicio, se va a utilizar un cristal adecuado para ayudarle a estar en comunión con el universo.

Encontrar un lugar que es tranquilo y privado. Divinidad menuda habla con una voz suave, pidiendo a nosotros para dejar a un lado todo lo demás cuando queremos estar en comunión con lo divino. Sentarse en una de dos maneras, con las piernas cruzadas o en una posición de rodillas. Recuerde que el objetivo es la comunicación con el universo, por lo que desea elegir una posición que transmite su respeto a la situación.

Una vez que esté firmemente en su lugar, tomar el cristal y el equilibrio sobre la parte superior de su cabeza. Este proceso será más fácil para unos que para otros. Si no puede equilibrar, también puede mantenerlo en su lugar o mantenerlo lo más cercano a la parte superior de su cabeza como usted puede conseguir.

El paso final es simplemente cerrar los ojos y enviar un mensaje al universo. Usted puede orar de acuerdo a su tradición de fe personal o puede simplemente hacer lo mejor para enviar energía positiva hacia el universo. Una vez que haya dicho su parte y enviado a cabo la energía, tratar de calmarse y recibir de vuelta la energía del universo.

No se preocupe si usted no se siente como usted recibe algo, es probable que sólo significa que necesita un poco más de equilibrio. Sin embargo, recuerde que la divinidad siempre te escuchará y recibir su energía. Incluso si se siente como si nadie te está escuchando o que está hablando a ti mismo, es necesario tener la fe de que no está siendo ignorado. La fuerza que crea y sostiene toda la vida nunca te abandonará.

Los consejos generales de cristal

Si bien hay un montón de consejos y trucos relacionados con cada chacra y los cristales específicos que se pueden utilizar para equilibrar ellos, no todo es tan específico. También hay información general que vale la pena conocer no importa qué tema en particular que podría estar tratando.

cristales del programa antes de su uso

Si desea obtener el máximo rendimiento de sus cristales que necesita para asegurarse de que estén adecuadamente preparados para la tarea que tiene en mente. No se preocupe, es un proceso sencillo. Simplemente tome el cristal, colocarlo en su palma de la mano, cierra los ojos, e imaginar lo que se espera lograr con el cristal. Invocar la energía positiva y enviarlo fluye en el cristal, activándolo y apuntando hacia sus objetivos específicos.

En caso de duda, utilice cuarzo transparente

Si acaba de empezar el uso de cristales, se puede sentir como que no está listo para comprar un juego completo de siete cristales. Mientras que es ciertamente posible encontrar conjuntos de cristal muy asequibles, a las necesidades de todos los sujetos de aproximación de este tipo a partir de la etapa que se encuentran. Por lo tanto, si usted está buscando un cristal para empezar, entonces su mejor apuesta es clara cuarzo.

Mientras resuena cuarzo transparente especialmente bien con el chacra de la corona, que tiene propiedades únicas que le permiten aceptar la energía de cualquiera de los otros chacras. Esto no significa que funcionará igual de bien con todos los chacras, pero sigue siendo el mejor cristal de propósito general.

Utilizar la sal para eliminar la contaminación espiritual

¿Sabe usted cómo su nuevo cristal se ha manejado? Si bien hay algunos vendedores que se aseguran de manera apropiada los cristales de mango con fines espirituales, muchos minoristas no saben o no les importa. Esto es especialmente cierto si usted está de compras en unos grandes almacenes de cadena corporativa. También debe tener cuidado con los cristales utilizados. Es imposible decir qué tipo de energías de los cristales podrían haber absorbido a medida que viajaban desde el suelo hasta las manos.

La buena noticia es que usted no necesita a la desesperación; se puede limpiar casi cualquier cristal. Encontrar un recipiente, llenarlo con una fina capa de sal de mar, y luego colocar el cristal que desea limpiar el interior de la misma. Dejar reposar durante la noche para obtener mejores resultados. Cuando haya terminado, saque el cristal, tirar la sal, y el uso de su cristal sin embargo que usted desea.

Limitar el número de cristales se utiliza de forma activa en cualquier momento

A medida que comience a recoger más y más cristales, que podría estar tentado a poner a todos al uso y ahorrar tiempo utilizando todos al mismo tiempo. Si bien hay algunas técnicas especiales que utilizan una amplia gama de cristales, estos son la excepción a la regla. Recuerde que el logro de la salud espiritual se parece mucho a la consecución de la salud física. Cuando las personas se ejercitan, por lo general se centran en un grupo muscular a la vez. En la mayoría de los casos, tratando de hacer todo a la vez significa que nada recibe la atención que merece.

Se puede llevar a siete o más cristales en usted si desea mantener su saldo actual, pero si usted tiene chacras que necesitan ser limpiado, entonces debería usar un cristal a la vez mientras se concentra en las áreas problemáticas. Esto también le ayudará a evaluar cristales particulares y entender cómo se relacionan con su cuerpo y su energía personal.

Los cristales y la espiritualidad

Como se puede ver, los cristales no son sólo bonitos accesorios para poner en un estante y olvidar. Los cristales son una manera de conectar con la energía espiritual que fluye a través de ti y en todo el universo. Sin embargo, es importante reconocer que mientras que los cristales tienen poderes también tienen limitaciones.

Esté pendiente de los que buscan al espiritismo giro para adaptarse a la moderna mentalidad materialista. Estas son las personas que dicen que los cristales caros van a resolver todos sus problemas. Ellos podrían sugerir que usted compra un montón de cristales y llenar su casa con ellos, lo que les permite drenar de forma pasiva las energías tóxicas, mientras que usted va sobre su vida normal.

Los cristales no funcionan de esta manera. La potencia de un cristal no se define por su precio y que no se puede desbloquear de forma pasiva. Para lograr resultados reales con un cristal, es necesario elegir uno y utilizarlo de forma activa, la alineación de las vibraciones de sus energías espirituales con la vibración del cristal para lograr la armonía.

Piénsalo de esta manera, cristales y otros accesorios están a la salud espiritual lo zapatos para correr y accesorios de ejercicio son para la salud física. Ellos pueden ayudar a hacer el proceso más fácil, pero no van a hacer el trabajo por usted. Además, nunca se debe sentir como si tuviera que gastar un montón de dinero para crecer. Muchos de los más grandes atletas y espiritistas han llegado de la nada. No permita que cualquier cosa que espera la vuelta de desbloqueo de su grandeza desde dentro.

Capítulo 11: Meditación guiada - cómo meditar correctamente

En muchos sentidos, la meditación puede ser como una oración. Es un proceso íntimo que todo el mundo se acerca de forma diferente. Por otro lado, a través de los años se ha descubierto que ciertas técnicas de meditación ofrecen ventajas únicas. ¿Cómo acercarse a la meditación impactarán los resultados a alcanzar? Con esto en mente, vale la pena observar cómo la meditación guiada puede ayudar a sacar el máximo de cada minuto que pasas en la meditación.

La idea de la meditación guiada es que la persona que medita está siguiendo las instrucciones de un guía. Proviene de las muchas tradiciones espirituales donde los líderes experimentados podrían transmitir sus conocimientos al guiar a sus alumnos en las artes espirituales que habían descubierto. La única cosa sobre la meditación guiada en la era moderna es que ahora los estudiantes no tienen que ir al encuentro de maestros, pueden escuchar las instrucciones de meditación desde casi cualquier lugar.

Ayuda a conocer las mejores técnicas de meditación. Si usted entiende los principios básicos y las técnicas de kundalini, que será mucho mejor preparados. Un poco de conocimiento puede recorrer un largo camino, ya sea que esté buscando a alguien que te guíe, un mensaje pregrabado a seguir, o un plan personal para la meditación.

El valor de los mantras

Una de las cosas que marcan la meditación kundalini aparte de otros enfoques es el uso de mantras. Rítmicamente el canto durante la meditación es una poderosa manera de mejorar los resultados de su meditación.

Hay una gama completa de mantras se pueden utilizar. Si usted lee a través de este libro, entonces usted habrá notado una sección sobre mantras en cada capítulo chacra del individuo. Cuando usted está buscando para hacer frente a un chacra en particular y ponerla en equilibrio, puede realmente ayuda a encontrar y utilizar el mantra apropiado.

La importancia de la respiración

Otra cosa a buscar en la meditación kundalini está respirando. Regular el flujo de aire es una forma en que podemos dominar nuestros cuerpos y remodelar la forma de sentir, actuar y pensar. Si esto suena extremo a usted, sólo tratar de practicar control de la respiración grave y pronto se sentirá el poder mismo.

Al igual que con mantras, no hay un patrón de respiración. Los diferentes patrones de respiración se pueden utilizar para lograr resultados diferentes. Puede cambiar la cantidad de aire que inhala, la rapidez con que exhala, y cómo se alternará entre la exhalación y la inhalación. Así es, usted no tiene que pegarse con la inhalación y la exhalación. También puede encadenar múltiples inhala, pero el cambio a múltiples exhala. Esto puede ayudar a dejar de pensar a algunos lugares muy interesantes.

La importancia de la estimulación

Kundalini meditación no es para personas que necesitan una acción constante. Se trata de la intencionalidad, no la velocidad. Se necesita tiempo para activar los chacras uno por uno. Esto no es algo que se puede activar como que está accionando un interruptor de luz. Es un proceso gradual y metódica.

Esto no quiere decir que usted tiene que comprometerse a largo y dilatado sesiones de meditación. Puede comenzar con sesiones cortas y añadir más tiempo a medida que avanza. Pero incluso si sólo está meditando durante cinco minutos, usted todavía tiene que ser lento y deliberado si desea liberar el potencial completo de la kundalini. Sus energías toman tiempo para despertar. La única manera de acelerar el proceso es hacerlo de manera consistente para que sus energías no se permiten que caiga demasiado lejos fuera de equilibrio.

El valor de visualizaciones

Otro elemento común de la meditación realmente eficaz es la visualización. Puede ser difícil de envolver su cabeza en torno a algunas de las cosas que hablamos, porque estamos hablando de fuerzas que son invisibles a simple vista. Es por eso que utilizar la visualización para dar alguna forma a los pensamientos que nos ocupan.

Algunas visualizaciones son muy abstracto, ayudando a transmitir emociones o el flujo de energía. Otros son más literales, pidiéndole que imaginar una escena determinada dentro de su mente. Diferentes maestros utilizan diferentes enfoques.

La importancia de la energía

Hay muchas maneras de acercarse a la meditación. Cada uno tiene su propio valor, pero cualquier sistema que no se centra en nuestra energía espiritual pierde la marca por lo menos un poco. Cualquier programa de meditación guiada que no está diseñado para trabajar con el flujo natural de energía no le dará todo lo que necesita.

Esto no quiere decir que usted no puede asistir a un taller de meditación menos espiritual y en privado centrarse en sus propias energías espirituales. Sin embargo, esto va en contra del principio de la meditación guiada. De repente se están evitando de las instrucciones del maestro, que no es algo que fomenta un ambiente de aprendizaje saludable. Por lo tanto, entendemos que es posible, pero es mejor usar una rutina de meditación que está explícitamente diseñado para trabajar con su energía espiritual.

hallazgo Orientación

Es fácil ver por qué la meditación guiada es una idea buena, pero puede ser más difícil encontrar a la persona adecuada para guiarle. Como dijimos anteriormente, la meditación es un ejercicio íntimo, y no siempre es fácil encontrar a alguien cuyo enfoque se adapte a sus necesidades.

La buena noticia es que en la era moderna es más fácil que nunca para encontrar la dirección que usted busca. Si usted va en línea, usted encontrará un montón de recursos donde se pueden encontrar grabaciones donde gurús le llevará a través de una sesión de meditación. Aun así, no hay reemplazo para tratar con la gente en persona. La vida está sobre el flujo de energía que conecta a todos los seres vivos. Usted puede encontrar que la meditación como parte de un grupo más grande ayuda a alcanzar un nuevo nivel de equilibrio al elevar sus niveles de vibración.

Recuerde que mientras busca orientación, ayuda a buscar individuos que comparten su enfoque espiritual. El quid de la cuestión es que mientras que la meditación y el yoga ambos fueron creados para hacer frente a nuestras energías espirituales, muchas personas sólo ven los resultados físicos que producen. Las personas que no están interesados en lo espiritual pueden sentir el cambio producido por la meditación, pero no entienden lo que realmente es su causa.

Aunque nunca se debe juzgar a nadie por creer de manera diferente que lo hace, puede ser útil para encontrar a alguien que está en un camino espiritual similar. Esto es especialmente cierto cuando la búsqueda de alguien que le puede proporcionar orientación. Usted no quiere encontrarse en una situación en la que los ciegos guiando a los ciegos.

Si se puede pedir a la persona que dirigirá la meditación sobre cosas como los chacras y la kundalini y obtener una respuesta significativa, entonces podría ser alguien que escuche. Usted no tiene que saber de esas cosas por descubrir las verdades fundamentales detrás de la meditación, pero sin duda ayuda.

La meditación guiada más eficaz

Así que, después de todo está dicho y hecho, puede que se pregunte lo que debe hacer. Hay tantas opciones para elegir, por supuesto que te gustaría saber cuál es la mejor.

La respuesta honesta es la mejor opción es la que más le inspira a seguir meditando. Es por eso que no hay opción perfecta. Todos son diferentes.

El valor total de la meditación solamente se desbloquea una vez que desarrollar un hábito de meditar. Si te gusta tomar una determinada clase o escuchar a un determinado gurú en línea, a continuación, seguir su inspiración. Con tal de que no se están llevando en direcciones tóxicos se encuentra que el tiempo de permanencia en la reflexión en silencio le ayudará a poner las cosas en perspectiva.

Nunca se debe tan atrapados en la persecución de la perfección que nunca comprometerse a nada. Encontrar lo que funciona para usted y se adhieren a ella. Ese es el camino hacia el éxito.

Capítulo 12: La atención plena y la positividad

A lo largo de este libro, hemos pasado mucho tiempo hablando de la parte práctica de la espiritualidad. Esto es intencional porque mucha gente se pasa la vida absorción de información sin ponerla en práctica. Pero ahora es el momento de volver a paso y echar un vistazo a la imagen más grande.

Lograr el equilibrio duradero es más grande que sólo pasando por los movimientos. No se trata de mover el cuerpo de cierta manera, la respiración en un cierto patrón, y la celebración en ciertos artículos. Usted puede ir a través de todos los movimientos físicos de la espiritualidad, pero si su alma no está en él, entonces usted no verá los resultados que necesita.

Por favor, comprenda que el logro de un crecimiento espiritual requiere un cambio total. No se puede simplemente cambiar la forma en que se comportan; también debe cambiar la forma de pensar. Ver estos elementos como dos mitades de un todo único. El cambio ocurre cuando las unidades de pensamiento y de acción refuerza la acción pensaban. Sólo el pensamiento que lleva a ninguna parte y la acción por sí sola no va a durar. Su cuerpo y mente deben trabajar juntos como un solo si estás siempre de alcanzar su pleno potencial.

Atención plena

Si desea lograr y mantener el equilibrio espiritual, tiene que dominar el arte de la auto observación. Usted debe mirar dentro de ti mismo y reconocer los desequilibrios que se pueden formar en cualquier momento dado. Cuanto más pronto usted es capaz de reconocer los desequilibrios, más fácil será para corregirlos y seguir adelante.

Se puede llegar a entenderse a sí mismo, física y espiritualmente, mediante la práctica de la atención plena. Esta es una palabra que se usa mucho en estos días, pero hay que centrarse en una definición muy particular. La atención es la comprensión y la aceptación de la presente. Se trata de calmar la mente activa para que pueda experimentar el mundo como es, no el mundo deformado vemos después de haber coloreado todo con nuestras ideas preconcebidas. Se trata de mirar dentro de sí mismo y la aceptación de lo que encuentre.

Muchas personas no son capaces de resolver sus problemas, ya que no se entienden. Se siente como que, naturalmente, debe estar equipado para entender a nosotros mismos, pero es a menudo el caso que estamos en la peor posición de dar sentido a nuestras circunstancias. Si se le ha enseñado a creer cosas que no son verdad sobre sí mismo, entonces, naturalmente, tendrá una comprensión distorsionada de sí mismo, que le pueden estar frenando de alcanzar la verdadera paz y el equilibrio.

El conocimiento de uno mismo es especialmente importante cuando se tiene en cuenta la naturaleza de los chacras. Si bien hay algunas cualidades superpuestas, en muchos aspectos, cada chacra es único y requiere un tratamiento especial con el fin de lograr el equilibrio. Si usted no es capaz de localizar el origen de su problema, entonces usted va a estar mal preparados para hacerle frente.

Lograr el equilibrio requiere el uso constante de un proceso de dos pasos. El primer paso está mirando dentro y la identificación de los desequilibrios espirituales. El segundo paso está tomando medidas para corregir el desequilibrio. No es un sistema demasiado complicado; lo que es importante es que se practica con el compromiso y la coherencia.

Debemos una vez más volver a la idea de que el logro de la salud espiritual se parece mucho a la consecución de la salud física. Lo que nunca correr una vuelta alrededor del bloque y anunciar que usted era de repente un individuo en buena forma física. Pero, por otro lado, muchas personas asisten a un retiro de yoga y creen que han "logrado" el equilibrio.

El equilibrio es algo que debe ser constantemente hacia trabajó. Vivimos en un mundo lleno de energía negativa que hay que procesar siempre, y la mayoría de la gente a crear sus propias fuerzas tóxicos incluso cuando el mundo les da un descanso. Esto significa que la vida es una lucha sin fin contra las fuerzas de la negatividad. Hay que esforzarse en todo momento para contrarrestar estas fuerzas y trabajar hacia un equilibrio que entendemos que sea temporal, pero vale la pena el esfuerzo.

Una vez más, libros enteros se han escrito sobre la mentalidad espiritual. Es un tema que vale la pena una vida de estudio, pero en este capítulo, se le proporcionará una base que se puede empezar a trabajar en la actualidad y se basan en el resto de su vida.

Vamos a estar mirando a los dos pilares de una perspectiva espiritual: la atención y la positividad. Las ideas parecen simples en teoría, pero a medida que los pone en práctica, se llega a apreciar toda su complejidad y potencia.

positividad

Cuando la gente entiende que la espiritualidad no es una cosa de una sola vez, sino una forma de vida, algunas personas se sienten frustrados. La idea de hacer frente a una lucha que durará toda su vida puede parecer desalentador. Es por eso que usted necesita para la práctica positividad.

Es importante entender que vivir positivamente no significa negar la existencia de circunstancias desafortunadas. Cerrar los ojos de mal gusto no es nada positividad, es ignorancia voluntaria.

Usted no le gusta el hecho de que usted tiene que trabajar constantemente para mantener sus energías espirituales en equilibrio, pero se debe recordar que también hay que trabajar constantemente para mantener su cuerpo físico saludable. Cada día es necesario cepillarse los dientes, todos los días se tiene que mover su cuerpo, y cada día tienes que acabar de hacer y ser algo de sí mismo. Estas son todas las cosas que tiene que hacer o de lo contrario morirán. Si se piensa en el hecho de que tendrá que pasar horas en el transcurso de su vida cepillarse los dientes puede parecer desalentador en abstracto, pero en la práctica, es totalmente sin dolor una vez que se trata de una parte de su rutina.

También es posible disfrutar de las necesidades de la vida. Comemos porque tenemos que derribar los productos químicos en los alimentos con el fin de alimentar a nuestros cuerpos, pero eso no significa que no podemos disfrutar de este proceso esencial. Lo mismo vale para la actividad física. Usted puede aprender a disfrutar de las actividades necesarias para su salud física, y así también se puede aprender a disfrutar de la práctica de mantener su salud espiritual.

La vida no se trata sólo de los hechos antes, se trata también de cómo se mire estos hechos. Se puede ver en los problemas que pueden surgir en el día y fijarse en las formas en que pueden hacer su vida más difícil, o puede meditar sobre el crecimiento se puede lograr mediante el uso de sus facultades mentales, físicas y espirituales. Cada obstáculo puede convertirse en una oportunidad.

Piense en los grandes individuos en la historia. Ninguno de ellos se hizo famoso, poderoso o influyente por vivir una vida de comodidad y confort.

El universo no le dará cualquier reto que no se puede superar. Por supuesto, es necesario comprender que el mundo se ve diferente cuando se ve desde un lugar de omnipotencia. Nuestros cuerpos físicos pueden ser destruidos, pero nuestros cuerpos espirituales durarán para siempre. Situaciones que parecen sin esperanza en el exterior todavía pueden ofrecer oportunidades de triunfos espirituales. Considere los santos y mártires que han muerto por sus creencias largo de la historia, sacrificando sus formas físicas para crear un mundo mejor para las generaciones futuras.

Positividad verdadera viene de ser capaz de mirar el mundo como realmente es, con todos sus defectos, y reconocer el potencial para más. Se trata de la comprensión de que usted tiene el control total sobre su alma. Incluso si el mundo parece estar cayendo en la oscuridad, se puede encender una llama de bondad en su corazón que podría actuar como un faro para todos los que lo rodean.

El envío de energía positiva

A lo largo de este libro, nos hemos centrado principalmente en la eliminación de las energías negativas de su cuerpo. Esto fue hecho a propósito. Este es un libro para principiantes, y lo primero que la mayoría de la gente tiene que hacer cuando se enteran de sus chacras es claro ellos. Aun así, es importante entender que la vida no se trata sólo de su energía, se trata también de la energía de las personas, lugares y cosas que le rodean.

La energía fluye en vosotros, y que fluye de ti. Ya sea que lo sepa o no, usted está enviando energía hacia el mundo. La pregunta es si usted está enviando energía positiva o energía tóxica.

A medida que limpian sus chacras y lograr el equilibrio, va a generar energía positiva que se puede enviar al mundo. Parte de esta energía se generará de forma pasiva. Es probable que haya notado cómo algunas personas parecen iluminar cualquier habitación que entran. Esto se debe a que irradian energía positiva de forma natural. Pero también se puede enviar conscientemente energía positiva en el mundo.

Al ayudar a la gente, hablando amables palabras, y haciendo todo lo posible para ser una persona bien que se extendió alrededor de energía saludable. Y como hemos mencionado antes, lo bueno de energía positiva es que no necesariamente se pierde a causa de ser enviados a otros. Ayudar a las personas pueden aumentar su propia fuerza espiritual.

Una de las cosas maravillosas acerca de este universo es el hecho de que lo mejor que podemos hacer por nosotros mismos es a menudo haciendo algo bueno por otra persona. Mucha gente le gusta creer que los seres humanos son esencialmente malo y egoísta, pero la verdad es que estamos hechos para ser una fuerza positiva en este mundo. Como se quita la negatividad de su cuerpo y su vida, se llega a entender su propósito.

Conclusión: El aumento de sus vibraciones para emitir energía

¡Felicitaciones por terminar el libro! Si usted ha leído a través de todo el libro, entonces ya está equipado con los conocimientos básicos necesarios para equilibrar sus chacras, liberarse de energía tóxica, y experimentar la curación real.

Si va a omitir todo el libro, eso también está bien. Este libro no es una novela que se supone que deben leer de una vez y dejar a un lado, es más como un manual que se debe tener a la mano para que sepa cómo hacer frente a cualquier problema que pueda surgir. Lectura a través de la información de este libro una vez es útil, pero tendrá que meditar en el significado más profundo y tomar medidas concretas si realmente quiere ser dueño de esta sabiduría.

Todo esto es parte del camino espiritual que cada uno de nosotros está encendido, lo sepamos o no. Este libro sólo ha arañado la superficie de la gran montaña de la sabiduría que ha sido almacenada por innumerables generaciones de buscadores espirituales.

Ahora, usted es una parte de esta gran cadena de la humanidad que se remonta en las brumas de la historia antigua. Su potencial espiritual es ilimitado, la única pregunta es qué tan lejos está dispuesto a ir.

Energía radiante

El camino por delante de usted podría ser largo, pero si usted está abierto al universo que nunca se quedará sin energía. Vivimos en un universo hecho de energía. Desemboca en nosotros y nos irradian hacia fuera. Una de las razones por las que nos pusieron en esta tierra es jugar nuestra parte en la cadena infinita de intercambio de energía que conecta toda la vida y la materia en este universo.

Es todo acerca de la perspectiva. Las personas sin esta amplia vista a menudo se abstuvieron de prácticas totalmente abrazan como el yoga y la meditación. Es la idea de que se trata de actividades egocéntricas. La idea de pasar largos períodos de tiempo mirando hacia el interior se puede sentir como un lujo o una indulgencia cuando el mundo exterior parece demandar nuestra atención a todas horas del día. Pero la realidad es que toda esta idea es completamente hacia atrás. Las personas que son capaces de mirar dentro de sí mismos y alcanzar el equilibrio personal están en la mejor posición para curar a todo el mundo.

Si alguna vez has volado en un avión, entonces usted ha visto el canto y la danza, donde un representante de la aerolínea le dice que, en caso de una emergencia, es necesario poner su propia máscara de oxígeno antes de ayudar a alguien más. Esto puede parecer cruel al principio, pero en realidad se habla de una verdad profunda. Así que muchas personas tratan y sacrifican su propio bienestar a proteger a los demás, sólo para terminar arrastrando a todo el mundo en el proceso. Si se intenta poner una máscara de oxígeno en su hijo, entonces ambos son propensos a terminar inconsciente. Si intenta elevar la energía del mundo que te rodea sin equilibrar sus propias energías, entonces usted es tan probable para llevar la energía hacia abajo.

Tomarse el tiempo para equilibrar sus energías y elevar su vibración no necesita tener una eternidad. Pasar unos minutos al día en el yoga y la meditación puede crear un repunte reconocible en energía. Y esta energía puede ser contagiosa. Esto se debe a que este mundo no es un juego de suma cero, donde todo el mundo está luchando por una cantidad fija de energía. La verdad es que, así como cada chacra es parte de un sistema mayor, lo mismo vale para cada persona. Como cada uno de nosotros equilibrar nuestras propias energías, se eleva el flujo global de energía aumenta y la vibración de la especie.

Una cosa que usted aprenderá a medida que descubre las verdades profundas que existen dentro y alrededor de ustedes es que todo es lo mismo. Los sistemas que existen en su interior también existen dentro del planeta. La única diferencia es la escala.

Ese es el mensaje hermoso de todo esto, todo está conectado. Por curarse a sí mismo, se está trabajando para sanar el planeta. Esto no quiere decir que usted necesita para sentirse responsable de todo el mundo, pero sí quiere decir que usted no tiene que sentirse como si estuviera indefenso en la cara de un resfriado y mundo indiferente. La verdad es que eres parte de un mundo que está viva y vibra con la energía de mil millones de almas.

Hoy es tu oportunidad de curarse a sí mismo y sanar el mundo. Estamos muy lejos de ser perfecto, pero es como se suele decir, el primer paso es siempre el más difícil.

Reiki

La Guía Definitiva para Principiantes sobre la Sanación con Reiki, Cristales y Chakras para Mejorar su Salud y Reducir el Estrés, la Ansiedad y los Traumas para Sentirse Bien y Despertar su Nivel de Energía [Reiki, Spanish Edition]

Michelle Alcantara

Tabla de contenidos

Introducción 81

Capítulo 1: ¿Qué es el Reiki y cómo funciona? 82

Reiki 101 82

¿Cómo funciona Reiki? 83

9 señales de que tu alma necesita Reiki 83

El misterio de Reiki 84

Filosofía Reiki 85

Psicología del Reiki 86

Reiki Esoterismo 86

Reiki es un viaje 87

Los 5 Principios del Reiki 87

Cómo aprender Reiki 88

Capítulo 2: ¿Cuáles son los beneficios y límites de Reiki? 90

Reiki para todas las etapas de la vida 91

Reiki durante el embarazo 91

Reiki para niños 91

Sintonizando niños 91

Reiki para personas mayores 92

Reiki y mascotas 92

Haters y escépticos 93

Reiki responde de forma única a cada individuo 93

Creencia y receptividad 94

Reiki beneficia a todos 94

Tratamiento de las causas profundas 95

Beneficios de Reiki 95

Capítulo 3: Los 3 pilares del Reiki Moderno 97

Gassho - La nueva A 100

Reiji-Ho 101

Chiryo - Los nuevos abandonos 102

Capítulo 4: Símbolos de Reiki y sus usos únicos 104

Cho Ku Rei: El símbolo de poder 104

Cómo/Cuándo Usar Cho Ku Rei 105

Sei He Ki: El símbolo de la armonía 106

Cómo usar Sei He Ki 106

Hon Sha Ze Sho Nen: El símbolo de distancia 107

Cómo utilizar Hon Sha Ze Sho Nen...107

Dai Ko Myo: El símbolo maestro 108

Cómo usar Dai Ko Myo 108

Raku: El símbolo de finalización 109

Cómo usar Raku..110

Cómo usar múltiples símbolos de reiki a la vez..110

Capítulo 5: Reiki y los elementos **112**

Aire..113

Fuego 113

Tierra...114

Agua..115

¿Cómo podemos usar la energía de los elementos? 116

Incorporación de piedras y elementos..117

Tierra...117

¿Qué hacer a continuación?..118

Agua..119

Fuego 120

Aire..121

Capítulo 6: Uso de cristales en Reiki..**124**

Cristales de roca 125

Amatistas..126

Fluorita 126

Cuarzo Rosa 127

Cuarzo ahumado 127

El uso de cristales en la práctica de Reiki 128

Limpieza de cristales 128

Métodos de uso de cristales..128

Capítulo 7: Uso de energía y activación de Chacras **130**

La técnica de la biografía curativa...132

Ejercicios de activación de Chakra 134

EJERCICIO 1 135

EJERCICIO 2 135

EJERCICIO 3 136

EJERCICIO 4 137

EJERCICIO 5 138

TODO O NADA...140

Capítulo 8: Uso de Reiki en ti mismo **142**

Posiciones de mano para la curación 143

Horario de las sesiones de tratamiento......................................144

Cómo llevar a cabo una sesión de Reiki 145

Inicio de una sesión de Reiki:...145

Sesión de Reiki en sí..146

Finalización de la Sesión de Reiki..147

Capítulo 9: Uso de Reiki en otros **149**

Dónde llevar a cabo una sesión...149

Duración de la sesión 150

Reiki para niños..150

Reglas básicas para el uso de las manos 151

Capítulo 10: Sanación física **154**

Ubicaciones generales de las manos 155

Ubicaciones de manos para trastornos funcionales del sistema nervioso156

Ubicaciones de manos para trastornos respiratorios funcionales 157

Posiciones de las manos para trastornos funcionales digestivos...............158

Ubicaciones de manos para trastornos funcionales del sistema cardiovascular 159

Ubicaciones de manos para trastornos metabólicos funcionales y de la sangre..160

Trastornos funcionales genitourinarios 160

Heridas de cirugía y trastornos funcionales de la piel 161

Enfermedades ginecológicas 161

Capítulo 11: Sanación mental, emocional y espiritual...............**163**

Obstáculos al crecimiento espiritual 166

¿Qué se debe aprender para superar con éxito los obstáculos? 167

Conclusión...**168**

Referencias **170**

Introducción

Reiki.

El nombre es tan misterioso como incomprendido.

El nombre Reiki es bien conocido. Casi todo el mundo ha oído hablar de él. Sin embargo, tan pocos entienden lo que es el arte, y cómo puede ayudarnos a vivir mejor -y en última instancia sin dolor- vidas.

Esta introducción es breve porque este libro tiene un propósito, uno que es urgente. Entiendo el poder de Reiki. Sé que puede ayudarte a ti, a tu familia, a tus amigos y a la humanidad en general. Sin embargo, también sé que Reiki es algo con lo que la gente coquetea desde la distancia, un tema que muy pocos abrazan. Y debido a esto, muchas personas se pierden los efectos que cambian la vida que el arte curativo de Reiki puede tener en sus vidas.

Así que ahora, mi desafío para ti es vaciar tu taza. Les pido que dejen sus ideas preconcebidas de Reiki y que aborden este libro con una apertura que emana la voluntad de encontrar la verdad.

Les pido que hagan esto porque me doy cuenta de que esta es la única manera de que puedan obtener los máximos beneficios de este libro, algo que realmente deseo para usted.

Y dicho esto, te dejaré seguir leyendo y aprender por ti mismo lo que es Reiki.

¡Disfrutar!

Capítulo 1: ¿Qué es el Reiki y cómo funciona?

¿Imagínate si fueras capaz de curarte a ti mismo, así como a tus seres queridos, con la ayuda de la energía que te rodea? ¿No sería genial?

Todo lo que nos rodea, incluyéndonos a nosotros mismos, está hecho de, y está lleno de energía. Con este hecho en mente, tengo dos buenas noticias que me gustaría compartir con ustedes:

1. La energía que nos rodea es ilimitada. No nos quedamos sin ella.

2. No tienes que usar tus propias "reservas" de energía para alimentarte o alimentar tus esfuerzos. Puedes aprender a tomar esa energía de tu entorno, y utilizarla eficazmente para ayudarte a ti mismo y/o a las personas que te rodean.

Suena increíble, ¿verdad? ¿Tal vez un poco grandioso?

Bueno, ¿qué pasa si te lo digo después de leer este libro, serás capaz de hacer exactamente eso: aprovechar la energía de tu entorno para beneficiar tanto a ti como a los que amas. Suena como un gran concepto, ¿verdad? Honestamente, es menos de una teoría y más de un sistema práctico; uno que ahora aprenderás.

Reiki 101

Lo más probable es que hayas oído hablar de Reiki antes. Al mismo tiempo, probablemente no sepa exactamente lo que es (que podría ser una de las razones por las que compró este libro).

La palabra *Reiki* proviene de origen japonés. La palabra Rayo significa "espíritu" o "alma". Y la palabra Ki se traduce como 'energía', o 'mente'.

Reiki es un sistema de curación, que ve todas las enfermedades y enfermedades humanas desde el punto de vista de la energía. La base del Reiki se basa en la metodología de que la energía —excesiva o la falta—

dentro de los órganos humanos, es la base fundamental para la salud o la enfermedad.

Si se detecta la distorsión de la cáscara de energía (cuerpo) de una persona, un maestro de Reiki satura esta zona con su propia energía vital - "*ki*". Esta energía que el maestro utiliza es sintetizada por él desde el espacio circundante (cosmos). Esto, a su vez, crea un canal de energía pura de Reiki, uno que alimenta los órganos y sistemas dañados del paciente, restaurando todas las distorsiones en su caparazón de energía. De esta manera, el cuerpo está siendo sanado en su totalidad, no sólo localmente. En consecuencia, se restablece la salud y se normalizan y estabilizan todas las funciones del cuerpo, restaurando al paciente en cuestión a un estado de homeostasis.

A diferencia de la sanación de energía convencional donde el sanador generalmente trabaja con su propia energía (incluyendo el uso de su energía kundalini), los maestros de Reiki utilizan la energía "pura" del espacio, que es fácilmente absorbida por una persona. Y precisamente porque es pura, y no manchada por los sanadores propia energía, la energía que se extrae y se utiliza de nuestro entorno universal es mucho más potente en sus habilidades curativas.

Hoy en día, hay muchos cursos diferentes, seminarios, centros, escuelas de Reiki, sistemas de formación y direcciones fundadas por varios maestros de Reiki. Una de las versiones más famosas es Kundalini Reiki, que se basa en la activación de la energía Kundalini en el cuerpo humano y su uso posterior para sanar su cuerpo físico, mente, y para ayudar a otras personas.

También hay diferentes tipos de Reiki, como Mikao Usui Reiki y Karuna Reiki, que llevan el nombre de los maestros maestros que fundaron estas escuelas de Reiki y cuyos sistemas se dividen en ciertos niveles, donde los estudiantes reciben las iniciaciones apropiadas y rangos (1er nivel de Reiki, 2o nivel de Reiki, 3er nivel de Reiki).

Este libro te enseñará cómo usar la energía dentro de ti y a tu alrededor, y cómo ayudarte a ti mismo y a tus seres queridos también.

Te ayudará a encontrar armonía dentro del mundo interior y exterior, y te llevará a una vida más feliz, más saludable y más plena.

¿Cómo funciona Reiki?

Antes de comenzar, por favor eche un vistazo a la lista a continuación. Si alguno de los 'síntomas' parece familiar, significa que probablemente podría sutilizar un poco de Reiki en su vida.

9 señales de que tu alma necesita Reiki

1. Te sientes como si estuvieras 'perdido', has llegado a un callejón sin salida, y no puedes encontrar tu camino fuera de una situación

2. A veces te sientes como un fracaso y/o un perdedor. Todo lo que tocas parece desmoronarse

3. Buscas apoyo, comprensión y aceptación, pero parece que no puedes encontrarlo, ni siquiera de tus seres queridos

4. De vez en cuando, todo parece sin sentido y tienes ganas de renunciar y renunciar a todo

5. Siempre hay un bullicio molesto en tu vida, una lista interminable de cosas que hay que hacer. Esto te deja sintiendo que no tienes absolutamente tiempo para ti

6. Estás cansada. Apenas puedes levantarte por la mañana. Sientes que no tienes fuerza, ni energía, ni ideas, ni inspiración

7. Tienes la necesidad de curarte, de buscar un escape de todo, o de pasar tiempo a solas contigo mismo, de escuchar el sonido del silencio y escuchar el susurro de tu alma

8. Con todas las prácticas espirituales y el conocimiento que has adquirido, todas ellas parecen no poder ayudarte a enfrentar situaciones en tu vida

9. Estás experimentando peleas de obsesión, ansiedad, miedo, o te sientes decepcionado todo el tiempo

¿Alguno de estos síntomas le resulta familiar? Si es así, entonces definitivamente estás en el camino correcto leyendo este libro.

Otra cosa buena es que la terapia de Reiki te ayuda a conectar con tu alma y encontrar una manera de salir de prácticamente cualquier situación en tu vida. Y lo hace sin la necesidad de que te caigas del ritmo de la vida a la que estás acostumbrado, o requiriendo que te escondas en cuevas del Himalaya durante años.

Reiki es un método asequible y relativamente sencillo por el cual mejorar significativamente su bienestar general y condición a nivel físico y mental. La práctica te ayuda a encontrar armonía dentro de ti mismo y a establecer un contacto positivo con el mundo que te rodea, brindándote la oportunidad de darte cuenta de cuál es el significado de la vida.

El misterio de Reiki

La práctica de Reiki tiene una historia muy profunda. Para ser sucinto, el sistema se utilizaba tradicionalmente para la curación en el antiguo Japón.

Aunque la curación sigue siendo el principal foco y propósito del sistema, Reiki en el mundo moderno todavía está rodeado por la polémica (y a menudo disputada) pregunta: "¿Es Reiki una secta?"

Los argumentos sobre esta cuestión han persistido durante muchos años. Y, dado que la actitud hacia esta práctica es bastante ambigua, las teorías que rodean los orígenes y el propósito del sistema se han propagado como un incendio forestal de chismes y conjeturas.

Un ejemplo de una de estas prácticas que inducen dudas es el hecho de que las personas que han sido sometidas a iniciaciones de Reiki continúan celebrando reuniones regulares, y el maestro que realizó el ritual original asciende al papel de mentor espiritual del receptor.

Mucha gente dice que Reiki es una secta porque los seminarios necesariamente incluyen charlas sobre los méritos de Mikao Usui, el fundador de Reiki. Su foto se coloca en un altar, frente al cual se llevan a cabo varios rituales.

Hay muchas organizaciones que buscan ganar mucho dinero promoviendo Reiki, prometiendo curaciones milagrosas de diversas dolencias, incluyendo el cáncer. Debido a esto, muchas personas han crecido para ver Reiki como una secta.

Sin embargo, las prácticas de Reiki se pueden hacer por su cuenta también, lo que le permite obtener todos los beneficios del sistema, y hacerlo completamente gratis.

Filosofía Reiki

La doctrina del Reiki se practica en todos los rincones de la Tierra, y cada año aumenta el número de personas que se unen a la práctica.

Dependiendo de las habilidades de la persona y la duración de su práctica, existen tres niveles principales de Reiki. Y cada vez, se lleva a cabo un proceso de iniciación. En cada paso, se abren nuevas oportunidades al practicante de Reiki.

Etapa 1: La primera etapa practica y enseña el dominio de lo que se conoce como 'La colocación de las manos'. En esta etapa, al practicante se le enseña cómo poner sus manos de una manera que puede transferir y concentrar la energía en su cuerpo, en seres vivos.

Etapa 2: En la segunda etapa, el practicante estudia los símbolos de Reiki y aprende a trabajar con el pasado y el futuro. En esta etapa, el practicante comienza a aprender a utilizar la energía del Universo para impactar el cambio emocional y físico. Esta etapa es donde el practicante comienza a desbloquear el poder dentro del sistema y la metodología de Reiki.

Etapa 3: En la tercera etapa, el practicante es considerado un Maestro, y ahora son libres de enseñar y llevar a cabo iniciaciones.

Psicología del Reiki

El mundo moderno nos mantiene constantemente en un estado de flujo. Parece que siempre estamos persiguiendo algo. Ya se trate de metas financieras, bienestar, comodidad u otros beneficios, podemos enredarnos en la persecución y olvidarnos de las cosas importantes que realmente se necesitan para la felicidad y una sensación de armonía interior.

Al estudiar el hermoso arte de Reiki y aprender a aplicar lo que aprendes del sistema, poco a poco te liberas de los grilletes invisibles con los que la vida moderna parece encarcelar rutinariamente a la gente.

Obtenemos esta libertad al realinearnos con lo que son nuestros verdaderos valores, y recordando el verdadero yo con el que perdimos contacto durante la "carrera de ratas" de la vida cotidiana.

Las meditaciones que se encuentran en Reiki también te ayudan a aislarte de cualquier problema — trayendo perspectiva — y permitiéndote encontrarte a ti mismo y al ritmo de tu paz interior.

La práctica regular de Reiki también te da la oportunidad de deshacerte de los problemas psicológicos, liberándote de tus callos emocionales y, en última instancia, permitiéndote cambiar tu vida para mejor.

Reiki Esoterismo

Hay muchas técnicas diferentes que una persona puede utilizar para sanar su cuerpo o alma o incluso cambiar su destino.

Dentro de Reiki, hay ciertos símbolos que permiten al practicante aprovechar la energía que nos rodea a todos (estaremos cubriendo estos con más detalle más adelante en el libro).

Los símbolos sintonizan al practicante con varios tipos de energías universales, y cuando están conectados con el cuerpo humano estas energías provocan reacciones poderosas, que se pueden utilizar para la curación o el autodesarrollo.

Un ejemplo de esto en la práctica se puede encontrar en la siguiente técnica poderosa:

1. Llene un vaso con agua, mírelo y luego visualice un símbolo de Reiki seleccionado. Haz esta meditación durante un total de 120 segundos

2. Después de centrarse en el símbolo de Reiki para el tiempo asignado, cambie su enfoque a una meta o deseo que desea hacer realidad. Haz esto durante 60 segundos

Esto cargará el agua con energía Reiki.

Beba el agua cargada en pequeños sorbos, mientras toma imágenes de la realización de su deseo.

Reiki es un viaje

Cualquiera puede aprender prácticas de Reiki, pero usted necesita ser consciente de que tomará tiempo y esfuerzo para desarrollar los conocimientos y habilidades necesarias.

Cuando estudias en grupo o con un maestro de Reiki, el proceso generalmente comienza con el aprendizaje sobre la historia de las escuelas y las biografías de los primeros maestros. Esto le ayuda a entender cómo nació el método Reiki, y a pasar a la siguiente etapa más conscientemente. Después de eso, la iniciación en sí se lleva a cabo — el proceso en el que el maestro cambia los «ajustes» internos de una persona, preparando así su cuerpo para la práctica. Este procedimiento dura 10-15 minutos. Luego, el maestro enseña al principiante cómo activar correctamente los canales de energía que se encuentran en el centro de las palmas. Para ello, debes recitar el siguiente texto: "Energía de Reiki, estoy abierto" y visualizar caracteres especiales. Muchas personas dicen que durante este acto sienten el calor proveniente de sus manos, la corona de su cabeza y los pies. Esto indica que todo se hace correctamente, y el cuerpo está listo para percibir la energía.

Los símbolos especiales del Reiki se estudian generalmente en la segunda etapa del entrenamiento. Como se mencionó anteriormente, se cree que tienen la capacidad de mejorar la energía de Reiki. Cada dibujo tiene su propio significado y propósito. Los símbolos generalmente se dibujan en el aire junto a un punto dolorido en el cuerpo de una persona o simplemente se visualizan.

Los 5 Principios del Reiki

Hay muchas doctrinas, enseñanzas y prácticas diferentes relacionadas con la energía, pero todas tienen una cosa en común: las reglas deben seguirse estrictamente. La energía vital de Reiki no es una excepción. Hay cinco principios básicos que fueron formados por el fundador de esta medicina alternativa, Mikao Usui. Es especialmente digno de señalar que no fueron inventados, sino que vinieron al gurú durante numerosas meditaciones largas.

Principio 1: No te preocupes

Esto significa que debes protegerte de experiencias innecesarias y lograr la armonía espiritual. Es importante evaluar siempre sobriamente la situación, sabiendo cómo desechar la emoción.

Principio 2: No te enojes

Para lograr la felicidad, una persona debe olvidarse para siempre de la ira y dejar de fruncir el ceño.

Principio 3: Honrar a padres y adultos

Este principio es muy famoso en todo Japón; habla de la importancia de respetar a los mayores que tú.

Principio 4: Gana tu vida a través de la honestidad

Para entender Reiki, es importante darse cuenta de la esencia de este principio, lo que significa que debes vivir tu vida honestamente. Los maestros aseguran que, si una persona se dedica a las prácticas, entonces simplemente no será capaz de participar en ningún tipo de asuntos deshonrosos.

Principio 5: Ser amable con toda la vida en la Tierra

Este es el principio más difícil, ya que es difícil para la mayoría de la gente expresar gratitud al mundo.

Cómo aprender Reiki

Los especialistas sugieren que, para abrir un canal de energía en ti mismo, lo mejor es acercarse a un maestro de Reiki, que llevará a cabo un ritual especial, te enseñará a meditar y realizará varias manipulaciones con tus manos. Desafortunadamente, hay muchos charlatanes por ahí, por lo que es importante hacer una investigación exhaustiva y elegir sabia y responsablemente.

La práctica del Reiki en el primer nivel incluye varias áreas:

- Ejercicios de respiración dirigidos a calmar la mente, relajarse y desarrollar la atención

- Prácticas meditativas que te enseñan a observar tus propios pensamientos, sentimientos y emociones

- La curación de Reiki y otras oportunidades en esta área implican el aprendizaje de ejercicios especiales sobre la sensibilidad y la apertura de los chacras

- Prácticas de acumulación orientadas a la distribución y equilibrio de energía en los centros energéticos

Después de ser iniciado en la primera etapa de Reiki, puede comenzar a practicar trabajando con energía. En la mayoría de las escuelas, en los primeros 21 días después de la iniciación, se produce la "generación" de energía, donde el estudiante debe practicar con energía de acuerdo con la metodología mostrada por el maestro y adoptada en esa escuela. En el futuro, el estudiante decide con qué frecuencia usar la energía y para qué propósitos.

Por lo general, los primeros resultados/reacciones aparecen dentro de los primeros 21 días de práctica. Aparecen sensaciones (cuando una persona es 'insensible' y no sintió la energía antes), algunas reacciones del cuerpo pueden cambiar, etc.

A veces, para un principiante en Reiki, puede que no sienta nada, no entiende nada, y puede tratar de sentirlo, pero no parece funcionar.

Las causas de este fenómeno están en la persona misma: su mente parpadea constantemente, se esfuerza por entender algo, y requiere "evidencia" y "prueba". Apaga las sensaciones, y pasan desapercibidos. La sensibilidad regresa tan pronto como el practicante se calma y dirige su atención de la charla de su mente directamente a la práctica.

Capítulo 2: ¿Cuáles son los beneficios y límites de Reiki?

Reiki ayuda a fortalecer, realinear y recargar la fuerza vital dentro de un individuo.

A continuación, se muestra una lista de algunas de las principales ventajas que Reiki trae a sus practicantes:

- Estilo de vida sin dolor
- Mayor movilidad y menor riesgo de dolencias artríticas
- Reducción, e incluso erradicación, del estrés y la ansiedad
- Frecuencia cardíaca estabilizada
- Niveles saludables de presión arterial
- Aumento de los niveles de inmunidad a las enfermedades
- Ayuda a lidiar con los duros efectos secundarios de la quimioterapia
- Mejora el bienestar emocional
- Perspectivas positivas
- Mejora la vitalidad exponencialmente
- Restaura el equilibrio a nuestros centros de energía (chakras)
- Niveles saludables de energía que fluyen a todos los órganos, músculos, nervios y huesos
- Reducción de la fatiga
- Disminución de la probabilidad de insomnio
- Mayor capacidad para hacer frente al cambio
- Ayuda en la recuperación de alcohol/adicción
- Mayor enfoque
- Calma cuando se trata de situaciones estresantes

Hay beneficios casi ilimitados que Reiki puede ofrecer.

Sin embargo, es importante tener en cuenta que Reiki no es un sustituto de la medicina moderna. Tampoco es un sistema de curación que está en desacuerdo con la medicina moderna.

Todos podemos beneficiarnos de Reiki: nuestros hijos, nuestros padres y abuelos, y nuestros compañeros de animales.

Reiki para todas las etapas de la vida

Sea cual sea la necesidad de un individuo, Reiki normalmente puede proporcionar una solución adaptable a la vida de alguien.

Reiki durante el embarazo

Reiki es beneficioso para todos los grupos de edad, incluso para aquellos que aún no han nacido. Las mujeres embarazadas que practican Reiki pueden extender su amor a su hijo por nacer poniendo sus manos sobre su vientre. Al hacerlo, ayudan a las madres a permitir que las energías del Reiki que abundan dentro de ellas, sean transferidas a su bebé.

Algunos practicantes de Reiki incluso creen que, si una mujer embarazada practica Reiki, el bebé también estará en alineación vibratoria con las energías de Reiki también. ¡Esto significa que un niño podría nacer con los regalos que Reiki ofrece, configurarlo para una vida muy agradable y saludable - un hermoso regalo para cualquier madre para dar a su hijo!

Reiki para niños

Reiki es un sistema de curación no invasivo. Esto lo convierte en una gran opción para los niños, lo que le permite ayudarles a lidiar con los crecientes dolores que encuentran (físicos y emocionales) de una manera que es fácil para el niño y usted.

Se ha encontrado que los niños son extremadamente receptivos a los efectos positivos de Reiki también, y normalmente acogen con beneplácito los procesos de Reiki con poca o ninguna oposición.

Los tratamientos para niños se dan de la misma manera que para adultos. Las colocaciones de manos de Reiki son idénticas, pero las sesiones son más breves. Esto se debe a que la energía de Reiki fluye a través de los niños mucho más rápido que en los adultos. Los niños no sufren de los bloqueos emocionales que tienen los adultos, lo que conduce a una sesión de Reiki más rápida y eficaz.

Sintonizando niños

Aunque los bebés pueden estar en sintonía con Reiki, no pueden practicarlo. Esto se debe a que la aplicación de Reiki requiere algo más que la recepción de energía (algo que los bebés sobresalen en). Reiki, para ser utilizado, requiere madurez e intención. Por lo tanto, los niños menores de seis años normalmente no pueden practicar Reiki.

Sin embargo, los niños mayores de este tipo, idealmente entre las edades de cinco a doce años, no sólo pueden estar alineados vibracionalmente con Reiki, sino que también pueden practicarlo eficazmente. Con la práctica, la supervisión y el compromiso, un niño en este rango de edad puede (a menudo más fácil que un adulto) ser ensanada con éxito a Reiki Nivel I (habrá más en los niveles de Reiki más adelante en el libro).

También es *muy importante* tener en cuenta que los niños que practican Reiki deben ser entrenados para no poner sus manos sobre sus compañeros de clase no iniciados. Esto se debe a que los niños que no practican Reiki serán desconocidos, poco apreciativos y probablemente temerosos de tener otro hijo que les aporte las manos. Este miedo puede causar obstrucciones en la energía tanto en el niño practicante de Reiki como en el receptor.

Reiki practicando niños deben ser alentados a practicar su Reiki en sí mismos, animales de peluche, hermanos, y sus mascotas. Como se discutió más adelante en este capítulo, practicar Reiki en mascotas es un proceso inofensivo porque los animales están más que en sintonía con qué energía están dispuestos a aceptar o rechazar. Por lo tanto, dejar que su hijo practique Reiki en su mascota es un procedimiento relativamente inofensivo.

Reiki para personas mayores

Reiki es sin duda adecuado para personas de todas las edades. Pero como Reiki es específicamente bueno para aliviar el dolor, los ancianos parecen gravitar hacia el arte curativo.

Los pacientes con Alzheimer (un grupo demográfico que conforman muchos ancianos) son particularmente receptivos a Reiki. Esto en sí mismo es increíble porque debido a sus condiciones, los pacientes de Alzheimer normalmente encuentran casi imposible aplicar terapias alternativas.

Pero, Reiki permite a este tipo de pacientes acceder a los poderes del arte curativo de una manera tan fácil que los bloques mentales de la condición son casi ninguno.

A medida que los niños crecen y maduran, naturalmente se vuelven menos dependientes de sus padres/tutores.

Esta independencia es natural y saludable; resultado del crecimiento.

Sin embargo, si un adulto joven o una persona de mediana edad se encuentra con una enfermedad o enfermedad que les priva de su independencia, influyéndoles para buscar ayuda porque no pueden manejarse por sí solos, se encuentran con esta situación con renuencia.

Luchaban externamente contra las circunstancias, con comentarios como "Puedo manejar" o "Estoy bien". La pérdida de la independencia es a menudo un miedo que lleva a algunas personas a no buscar asistencia médica profesional hasta que las cosas se han intensificado a una etapa más allá de la ayuda.

Sin embargo, muchas personas mayores entienden que ya no pueden ser independientes. Se dan cuenta y llegan a un acuerdo con el hecho de que sus vidas serán más fáciles con la ayuda, que sin ella.

Reiki y mascotas

El número de personas que buscan terapias alternativas para sus animales, está aumentando. Un número cada vez mayor de personas están rehuyendo depender únicamente de los veterinarios, y en su lugar están optando por terapias como Reiki, Shiatsu, etc.

Los amantes de los animales son sensibles a sus mascotas y sus enfermedades. Estos propietarios desean encontrar terapias que no sólo ayuden a llevar salud a sus animales, sino que también sean preventivas.

Reiki realmente puede satisfacer esta necesidad de un tratamiento eficaz que ofrezca resultados holísticos.

Usando los sistemas de energía de Reiki, los animales pueden ser curados rápidamente, eficazmente, y el riesgo de cualquier efecto adverso es casi nada. En la mayoría de los casos de animales y Reiki, cuando el animal ha tenido suficiente, instigarán una ruptura en la sesión simplemente alejándose.

Así es como El Reiki es beneficioso para los animales:

- Acelera la curación de lesiones físicas
- Aporta más calma al animal
- Una práctica energética crea un vínculo entre el animal y el propietario, que mejora la relación

Haters y escépticos

Al igual que con cualquier nuevo compromiso en la vida, cuando comenzamos, no sólo somos escépticos nosotros mismos, sino que a menudo tenemos que lidiar con el escepticismo de los demás también.

Y más a menudo que no, es el escepticismo de los demás lo que puede llevarnos a dejar un nuevo esfuerzo, más que nuestras propias dudas.

Mi consejo para usted con respecto a esto es tener visión de túnel. Elige un objetivo o objetivo (como aprender Reiki) y concéntrate en eso únicamente. No permitas que las dispersiones de otros te saquen de tu objetivo. Aprender el arte, utilizar el arte, y entonces - sólo entonces - se puede, o si usted, incluso realmente empezar a analizar algo.

Reiki responde de forma única a cada individuo

Reiki no es un sistema que discrimina. El sistema trata el desequilibrio.

Hay muchos beneficios derivados de Reiki, pero los resultados de los tratamientos pueden variar como resultado de varios factores diferentes:

- ¿En cuántos tratamientos o sesiones de Reiki participó el receptor?
- ¿En qué etapa de la enfermedad estaba la persona antes de comenzar Reiki?

- ¿Entró el destinatario en el proceso con expectativas que no eran realistas o demasiado altas?

- ¿Qué tan receptivo fue el receptor al permitir que Reiki sanara su cuerpo?

Creencia y receptividad

Reiki funciona independientemente de si una persona cree o no en él. El sistema funciona porque opera sobre ciertas leyes universales de energía, leyes que, al igual que las de gravedad, no se pueden romper.

Sin embargo, si una persona no está abierta a Reiki —de alguna manera, forma o forma— las energías y efectos de Reiki tendrán dificultades para superar los bloques dentro del individuo. Esta es la verdadera razón por la que algunas personas que realmente creen que Reiki funcionará, eventualmente se sienten decepcionadas, especialmente cuando Reiki parece no tener ningún efecto en ellos.

Por otro lado, un escéptico que ni siquiera puede creer conscientemente en el sistema puede probar Reiki y cosechar beneficios masivos, simplemente porque subconscientemente estaban listos para recibir Reiki.

Reiki beneficia a todos

Independientemente de dónde vengas, Reiki es para ti.

El arte de Reiki no es uno reservado sólo para los ricos, educados o evolucionados espiritualmente. Reiki está disponible para cualquier persona que desee abrirse al sistema. El verdadero "costo de admisión" es la creencia y la adopción de Reiki en ti mismo.

Tratamiento de las causas profundas

Reiki necesita ser utilizado consistentemente. Si se utiliza a toda prisa, sólo traerá efectos a corto plazo de la curación. Pero para disfrutar de efectos a largo plazo, el sistema de curación de Reiki debe aplicarse continuamente.

Beneficios de Reiki

Reiki te beneficiará al empoderarte de las siguientes maneras:

- Reiki reduce la ansiedad
- Las tensiones, algo que se asocia con el sufrimiento a largo plazo, se pueden erradicar mediante el uso de Reiki

- Reiki es seguro para practicar en lugar de algunas prácticas de salud convencionales
- Reiki permite purificar los alimentos antes de consumirlos limpiando la energía asociada con los alimentos que estamos consumiendo
- La energía de Reiki es eficaz para ayudar a las personas a lidiar con el dolor
- Reiki cura y puede ayudarnos a liberarnos de nuestras heridas emocionales
- Reiki nos permite dejar de ir lo negativo en la vida - personas, heridas y experiencias
- Reiki nos ayuda a manifestarnos eficazmente. Esto hace que el sistema sea ideal para el establecimiento de metas y el logro de metas

Capítulo 3: Los 3 pilares del Reiki Moderno

Fundaciones. Sin fundamentos sólidos, cualquier estructura está condenada a un destino de fracaso, y un destino donde colapsuar no es sólo una posibilidad, sino una inevitabilidad. Ya sea que suceda tarde o temprano, sin bases sólidas no hay entidad que tenga incluso la oportunidad de probar la longevidad, y mucho menos soñar con prosperar.

Hay muchos sistemas de curación de energía en el mundo en este momento, algunos buenos, otros no tanto. Estos sistemas se determinan "bueno" o "malo" no por las modalidades que defienden, sino por los frutos que dan. Lo que quiero decir con esta declaración, para decirlo en los términos más simples, es que la eficacia es el rey. Cuando se trata de evaluar la eficacia de cualquier sistema de curación de energía, sólo tenemos que mirar la estructura sobre la que se forman.

Algunos sistemas de curación de energía se construyen sobre los preceptos de la ciencia, y la ciencia sola. Estos sistemas provienen de las semillas de la medicina moderna temprana, semillas que se plantaron hace cientos de años, y se extienden directamente a lo que ahora llamamos en los Estados Unidos — y la mayor parte del mundo civilizado — nuestro sistema de salud.

Estos sistemas de salud basados en la ciencia son realmente sorprendentes. Mediante el aprovechamiento de la sed de conocimiento de la humanidad, nosotros como especie hemos hecho grandes avances tanto en la comprensión médica como en la aplicación. Hemos creado numerosos protocolos y tratamientos médicos para curar muchas enfermedades y enfermedades, incluso erradicando algunas dolencias a través de inoculaciones y/o medidas de precaución. Y tecnológicamente, hemos creado y continuamos creando procedimientos quirúrgicos que resultan en resultados positivos para el paciente, permitiendo a los médicos sanar más eficazmente que nunca.

Sin embargo, a pesar del hecho de que nuestros sistemas basados en la ciencia han dado saltos y límites en el avance, tienen limitaciones. Verás, nuestros sistemas basados en la ciencia se centran principalmente en el alivio a corto plazo del sufrimiento dentro de un paciente, y lo hacen casi ignorando la causa real de la dolencia. Además, la medicina moderna tiene como objetivo proporcionar alivio inmediato de un problema médico, pero no siempre crea una estrategia a largo plazo para prevenir la recurrencia del problema y proporcionar una cura. De hecho, el término "cura" está siendo utilizado cada vez menos por los médicos en estos días. En la superficie, parece que se abstienen del uso de la palabra "cura" porque no creen que existan curas. Pero si miramos más de cerca en el tema nos encontramos con que los médicos se están absteniendo de la palabra "cura" porque no están seguros de cómo lograrlos. Y la razón de este fenómeno, donde los curanderos modernos (médicos) están perdiendo el contacto con la búsqueda de curas para sus pacientes, es tan simple como esquivo, porque su enfoque principal se fija en el efecto (enfermedad) y no en la causa (factores que instigaron la aparición de la enfermedad).

A diferencia de los sistemas basados en la ciencia, existen numerosos sistemas basados en la fe. En estas prácticas, los pacientes se reconectan con la relación mente-cuerpo. Estos sistemas educan a los pacientes del hecho de que cualquier dolencia física que tienen actualmente, es casi siempre un resultado directo de lo que han pensado, o han estado pensando, consistentemente. Los sistemas de curación basados en la fe pueden incluir religiones dominantes como el cristianismo, el judaísmo, el hinduismo, etc. También pueden incluir artes curativas como yoga, pilates, acupresión e incluso libros de autoayuda que nos enfoquen en tomar el control de nuestros pensamientos y emociones.

Este tipo de sistemas basados en la fe hacen maravillas para las personas. Pueden permitirnos encontrar las respuestas de por qué tenemos ciertos problemas de salud, y pueden liberarnos de condiciones que nos han estado atormentando durante años. Nos alejan de la visión a corto plazo de nuestro dolor actual del que buscamos alivio y nos permiten profundizar, permitiéndonos buscar las cosas que hemos estado haciendo mal en nuestras vidas que nos han llevado a este punto, ya sea físico o mental. A diferencia de la medicina moderna, los sistemas basados en la fe toman un enfoque más redondeado, ayudándonos a establecer paralelismos entre cómo hemos estado viviendo, y cómo eso ha contribuido a donde estamos ahora.

Sin embargo, el verdadero problema que se encuentra dentro de estos sistemas basados en la fe es que tienden a centrarse en las cosas de una manera que casi siempre está completamente divorciada de la ciencia.

Por ejemplo: si miramos cómo las religiones ven la curación, ponen énfasis fuera de nosotros mismos, en un poder o ser superior. Este tipo de pensamiento, aunque se funda en cierta verdad, es en última instancia peligroso. Es así porque cuando ponemos demasiado énfasis fuera de nosotros mismos, comenzamos a creer que la vida está fuera de nuestro control y nos está sucediendo a nosotros, nos convertimos en víctimas de la aleatoriedad. ¿Hay un poder fuera de nosotros, un poder al que podamos y debemos invocar? Claro. Pero este poder no es algo que desfile sobre nosotros en majestad. De hecho, el poder que buscamos no está sólo fuera de nosotros, es parte de nosotros. Volveré a tratar este tema muy pronto, pero antes de hacerlo, debemos analizar otra faceta de los sistemas de curación basados en la fe; los sistemas de movimiento o fe que no son religiosos, por ejemplo, yoga, pilates y artes similares.

Estas artes curativas tienden, de nuevo, a reconectarnos con nuestra responsabilidad de las palabras, el pensamiento y el efecto que tiene en nuestro cuerpo. Ellos, a diferencia de las religiones, ponen menos énfasis en las fuerzas externas de la curación y te ayudan a buscar poder hacia adentro. Sin embargo, al igual que los sistemas religiosos, estos sistemas de curación basados en la fe se divorcian de los principios científicos en los que se basa la medicina moderna. Este desequilibrio nos hace llegar a un exceso, y cuando lo hacemos, siempre corremos el riesgo de caer.

En este punto, puede parecer como si estuviera escribiendo cualquier y cada sistema basado en la curación, ya sea científico o esotérico. Pero en verdad lo que realmente estoy haciendo es llamarte para entretener la necesidad de nuestras mentes y cuerpos para el equilibrio.

Como mencioné anteriormente, cuando nos acercamos a fuerzas superiores en la religión, comenzamos a suplicarnos. Esto es malo porque cuando suplicamos, pagamos un alto precio. La súplica viene al precio de la responsabilidad, y cuando regalamos nuestra responsabilidad, entonces también perdemos nuestro poder personal.

Los sistemas científicos bien pueden tener un enfoque miope a las cosas, pero nos reconectan con nuestra necesidad humana de exploración y descubrimiento. En esencia, nos conectan directamente a la salida de nuestro propio poder personal: la investigación objetiva.

Y en contradicción con los sistemas de curación basados en la ciencia, los sistemas de curación basados en la fe renuncian a nuestra responsabilidad, pero también nos reconectan con el panorama general de todo lo que decimos, hacemos o pensamos, en última instancia, dando forma a nuestro bienestar emocional y físico.

La clave, el punto de equilibrio perfecto, es cuando la ciencia puede encontrarse con la fe, y los dos enfoques se pueden fusionar en un sistema armonioso.

Y aquí es donde Reiki entra en juego. El Reiki del Dr. Mikao Usui es un sistema que se basa tanto en la ciencia como en la fe. El sistema está construido sobre los inquilinos que abarcan ambos lados de la moneda proverbial. Por lo tanto, Reiki se ha construido sobre bases extremadamente fuertes y perfectamente equilibradas, lo que hace que el sistema sea aplicable y eficaz tanto para los sanadores como para los receptores.

Reiki se basa en tres pilares: Gassho, Reiji-Ho y Chiryo.

Vamos a examinarlos más a fondo.

Gassho - La nueva A

Gassho significa literalmente "dos brazos cruzados". El Dr. Usui enseñó esta meditación regularmente. Por lo general, se practicaba antes de un seminario de Reiki.

Como regla general, este tipo de medicamento debe practicarse durante 20-30 minutos después de despertarse y /o por la noche, antes de ir a la cama.

Con la ayuda de la meditación Gassho, nos llevamos a un estado meditativo, un estado de unidad con el Universo. Al unir las manos frente al pecho, ayudamos al corazón a sintonizar también el tratamiento.

La meditación Gassho se realiza con las manos unidas frente a tu corazón con gratitud a Dios o al Universo.

La atención del meditador se concentra hasta el punto de contacto entre los dos dedos medios. En este caso, los pensamientos emergentes flotan en la conciencia, como nubes en un cielo azul. Los notamos, los reconocemos y de nuevo cambiamos nuestra atención al punto de contacto de los dos dedos medios.

En el budismo esotérico, la mano izquierda representa la luna, y la mano derecha representa el sol.

Cada dedo representa uno de los Cinco Elementos:

- El pulgar representa al Espíritu
- El dedo índice, el aire
- El dedo medio, Fuego
- El dedo anular, Agua
- El meñique, la Tierra

Las yemas de los dedos representan ciertas cualidades:

- La punta del pulgar representa la percepción
- La punta del dedo índice, la capacidad de actuar
- Punta del dedo medio, sensaciones
- Punta del dedo anular, percepción
- La punta del meñique es la forma

Desde el punto de vista sobre la ciencia de la meditación, cuando juntamos nuestras manos, juntamos el Sol, la Luna y todos los Elementos. El círculo se cierra. Centrarse en los dedos medios enfatiza el aspecto ardiente de la meditación. La conciencia quema los elementos del subconsciente.

Las yemas de los dedos son también el lugar donde terminan muchos nervios y meridianos (canales de energía). El meridiano que termina en el dedo medio es el meridiano del pericardio en la mano. Pasa desde el pecho a lo largo de la superficie interna de la mano, a través de la muñeca, la palma de la mano y termina en la punta del dedo medio.

La mayoría de los practicantes están de acuerdo en que la meditación de Gassho hace que sea más fácil observar nuestro diálogo interno, ayudando a pausarlo.

La experiencia ha demostrado que la meditación Gassho es adecuada tanto para la mentalidad oriental como occidental, independientemente de la edad, el género o la preparación del meditador.

Reiji-Ho

Traducido al inglés, *Reiji* significa "un signo de fuerza de Reiki", Ho significa "método".

En la tradición japonesa de Reiki, el enfoque se centra en la definición intuitiva de áreas desarmadas y dolorosas en el cuerpo del paciente (o aura). Cuando detenemos el flujo de pensamientos, el monólogo interno del habla, y profundizamos en nosotros mismos, podemos sentir qué área del cuerpo nuestras manos "llamarán". También es la confianza de la energía Reiki. Al final, no somos nosotros mismos los que estamos tratando. La energía se transmite a través de nosotros.

Reiji-Ho nos enseña a seguir nuestra intuición. Seguir, no desarrollarlo, porque la intuición como don divino se nos da al nacer. Nuestra tarea es sólo aprender a escuchar su voz y hacer lo que nos dice.

En cuanto a la técnica Reiji, deja que la energía viva libremente. Siéntase como un recipiente vacío, que en sí mismo, sin ningún esfuerzo de usted, se llenará de energía vital. No pienses dónde, cuándo y cómo entra en ti, todo sucederá por sí solo.

Siéntate o párate frente a la persona a la que quieres curar te de algún tipo de dolencia. Cierra los ojos y dobla las manos en Gassho.

Concéntrese en tándem. Suelte cualquier estrés y relájese. Siente cómo tu cuerpo está lleno de energía Reiki, y cómo te conviertes en parte de esta energía.

Pídale a su paciente que sea consciente de las causas de sus dolencias y fracasos. Luego pide su curación en todos los niveles. Mueve lentamente las manos a la zona del "tercer ojo" y pídele a Reiki que lleve tus manos donde necesites. Las áreas problemáticas llamarán a sus manos para que se ayuden a sí mismos.

Ahora sólo tienes que esperar un poco. Sin duda sentirás adónde deben ir tus manos. Esto puede suceder de diferentes maneras. Si las imágenes visuales están más cerca de usted, entonces verá la parte del cuerpo que necesita ser tratada. Si tiendes a percibir el mundo de oído, escucharás esta información. Si usted es un cinestésico, es decir, percibe el mundo como si fueraporos de la piel, entonces sólo se puede sentir donde se debe tocar al paciente.

Puede recibir un "mensaje" inmediatamente o después de algún tiempo. Con el fin de acelerar este proceso, coloque una o ambas de sus manos en el chakra de la corona del paciente y sintonizar la energía de su cuerpo.

El entrenamiento regular hará el truco: aprenderás a identificar áreas problemáticas mucho más rápido, y al practicar Reiki durante varios años, las verás con una mirada desnuda a la persona. Es posible que lo sientas como una ligera sensación de hormigueo en tus manos, una sensación de calor o magnetismo, o tal vez simplemente te des cuenta de que la respuesta se recibe.

El arte de Reiji-Ho es similar a la creatividad: empezando a usarlo para la curación, puedes extender tu habilidad a otras áreas de tu vida.

Chiryo - Los nuevos abandonos

Chiryo en traducción al inglés significa "tratamiento". En la época del Dr. Usui, el tratamiento se llevaba a cabo, por supuesto, de una manera tradicional japonesa.

El paciente ya se acostó en el suelo sobre un futón (colchón de algodón) o sobre un tatami (ropa de cama de paja). El sanador se arrodilló junto al paciente, sosteniendo su mano dominante sobre el chakra parietal del paciente hasta que apareció un impulso o inspiración, que la mano seguiría.

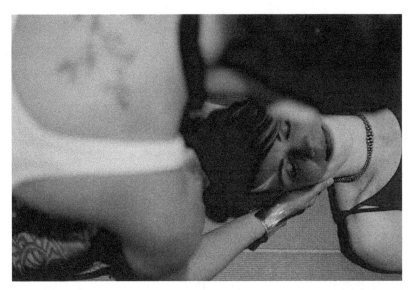

Durante el tratamiento, el sanador dio a sus manos total libertad, tocando las áreas dolorosas del cuerpo hasta que dejaron de doler o hasta que las propias manos se trasladaran a una nueva área para el tratamiento.

Vamos a ampliar en Chiryo más adelante en este libro porque es realmente el instrumento por el cual el poder de Reiki es utilizado eficazmente por un practicante de Reiki.

Capítulo 4: Símbolos de Reiki y sus usos únicos

Uno de los métodos más rápidos para conectar a una persona con sus energías superiores es a través de la implementación de signos especiales, conocidos como símbolos de Reiki.

Los símbolos de Reiki permiten a las personas llevar su entrenamiento al siguiente nivel, permitiendo a los practicantes utilizar la energía de Reiki para un propósito específico.

En la mayoría de los casos, los símbolos realmente sólo afectan al subconsciente. Pero en Reiki, los símbolos funcionan de manera muy diferente porque sintonizan tanto la mente como el cuerpo con la energía de Reiki de tal manera que permite al practicante activar el poder de Reiki en su totalidad. Esto lo hacen los practicantes de Reiki que visualizan los símbolos de Reiki, los dicen en voz alta, o incluso los dibujan. Mediante el uso de la intención en el proceso de activación, un practicante de Reiki puede desbloquear el poder de la energía que el sistema abarca.

Para entender Reiki, es importante conocer el significado de cada símbolo. Para empezar, vamos a centrarnos en los símbolos clave:

Cho Ku Rei: El símbolo de poder

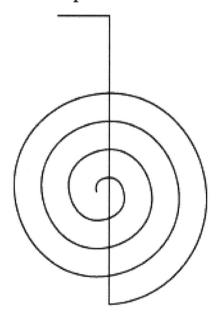

Si estás buscando una fluctuación en el poder, ya sea que eso signifique un aumento o una disminución, Cho Ku Rei es el símbolo para que corresponde a esto.

El símbolo representa el chi, o la transferencia de energía por todo el cuerpo.

Al visualizar el símbolo de poder, el practicante de Reiki al instante tiene una mayor capacidad para iluminar, iluminar y canalizar energía en su cuerpo.

Cómo/Cuándo Usar Cho Ku Rei

La práctica y el uso de Cho Ku Rei se encuentra más comúnmente al comienzo de una sesión de Reiki porque el método es una manera potente por la que aumentar la potencia de Reiki. El símbolo también se puede implementar durante una sesión, con el fin de proporcionar un impulso rápido de energía.

Además, Cho Ku Rei se puede utilizar eficazmente para ayudar a la curación de una lesión. El uso del símbolo se ha sabido para ayudar en gran medida con la curación de cualquier cosa, desde dolores y dolores ligeros hasta lesiones más graves y dolorosas.

Y, en un sentido más abstracto, Cho Ku Rei también se puede utilizar mientras se elimina la energía negativa. Esto se puede dar un paso más, ya que dibujar el símbolo en las paredes de las habitaciones puede fomentar la luz y la energía positiva dentro de un hogar.

Cho Ku Rei también se puede utilizar eficazmente dentro de sus relaciones con las personas también. Podría ser una buena idea tener una foto del símbolo Cho Ku Rei en su tarjeta de visita, y trabajar con él antes de una entrevista de trabajo mejorará su carisma. Y, visualizar el símbolo mientras tiene una conversación importante con sus seres queridos, es una gran manera de mejorar la compasión y la conectividad.

El símbolo también se ha utilizado como talismán protector contra las desgracias. Cho Ku Rei puede purificar la energía negativa, protegiendo al practicante de Reiki de los efectos adversos debido a la exposición de tales energías.

Este símbolo también es conocido por ser eficiente en la eliminación de cualquier rastro de energía negativa de los alimentos que está a punto de consumir.

Sei He Ki: El símbolo de la armonía

El poder del símbolo Sei He Ki reside dentro de su capacidad para traer equilibrio emocional y promover la claridad mental.

La palabra Sei He Ki significa "Dios y el hombre se convierten en uno". El símbolo dibujado se asemeja a una cresta de onda y se prepara para estrellarse. También se puede mostrar como un ala de pájaro.

El símbolo es conocido por su capacidad para equilibrar ambos lados del cerebro, provocando el equilibrio.

Además de ser conocido como un símbolo de estabilidad/armonía, Sei He Ki también se representa como un símbolo de protección.

Cómo usar Sei He Ki

Si quieres mejorar tu memoria, Sei He Ki te será de gran utilidad. Por ejemplo, puede dibujar este símbolo en las páginas de su cuaderno, o un libro que está leyendo, con el fin de conservar la información necesaria durante el mayor tiempo posible.

Otra forma de activar el símbolo de Reiki Sei He Ki es utilizando la técnica de visualización. Simplemente imagina el símbolo sentado sobre tu cabeza mientras enfocas tu mente. Esta práctica atala tu alineación espiritual y vibratoria con la frecuencia del símbolo, incitando al símbolo a activar y compartir su poder transformador contigo.

Además, si usted está luchando para poner en marcha un mal hábito como beber o fumar en exceso, comer en exceso, etc. considere llamar a Sei He Ki. Llamar al símbolo trae el foco y aumenta tu autoestima, poniéndote en el objetivo para el éxito.

Para aquellos que sufren de dolores de cabeza, Sei He Ki ayudará equilibrando la inestabilidad, que muy a menudo es la razón de ellos.

Aliviará el dolor de cabeza y no habrá necesidad de tomar medicamentos innecesarios.

Sei He Ki también proporciona protección contra vibraciones negativas, trabajando como un símbolo protector.

Otro momento muy importante es que Sei He Ki puede hacer que tus afirmaciones sean más fuertes y poderosas. Si estás escribiendo tus afirmaciones, mi consejo es tratar de dibujar este símbolo junto a ellos — ¡los mejorará, y será más probable que traigan los resultados necesarios!

Hon Sha Ze Sho Nen: El símbolo de distancia

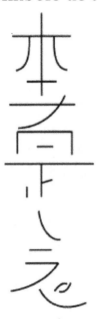

El símbolo, Hon She Ze Sho New tiene uno de los significados más complejos de todos los símbolos.

Hon She Ze Sho Nen es un símbolo trascendental, que se traduce como "no tener presente, pasado o futuro".

El símbolo cumple la función principal de aprovechar y enviar energía reiki a través del tiempo y el espacio, ya sea el pasado, presente o futuro.

Un gran ejemplo de cómo funciona el símbolo se puede encontrar dentro de su capacidad para sanar viejas heridas sin cambiar el pasado. Si bien el pasado o los acontecimientos del pasado no pueden cambiar en un sentido físico, los efectos de las experiencias pasadas —que pueden vivir dentro de nuestra psique— pueden ser reenmarcados usando el símbolo. Esta reformulación permite al practicante de Reiki tomar lo que una vez fue un dolor que se sintió injusto, y convertirlo en una lección de aprendizaje poderosa y transformadora.

Cómo utilizar Hon Sha Ze Sho Nen

Mientras que el símbolo se considera uno de los más potentes, tiene que ser utilizado con precisión, con el fin de trabajar. El símbolo funciona más eficazmente en el cuerpo mental y espiritual, mucho más que en el cuerpo físico. Los expertos de Reiki sugieren el uso de este símbolo en el día a día, especialmente si usted necesita para alentar eficazmente la curación pasada y futura en el cuerpo.

Dai Ko Myo: El símbolo maestro

Este símbolo es uno de los símbolos más nutritivos e iluminadores de todos los Reiki. Tiene la vibración más alta, y anuncia la capacidad más potente para la transformación.

Dai Ko Myo tiene poderes para sanar y transformar a un practicante de Reiki de maneras que son verdaderamente abarcadoras. El símbolo puede promover la curación dinámica de los chakras (sistemas de energía espiritual del cuerpo), y el alma.

El símbolo significa "gran iluminación" o "luz brillante".

El uso de este símbolo es sinónimo de elevar el estado de ser del practicante, ayudándoles a levantarse más allá de su antiguo yo, llevándolos a alinearse directamente con su yo positivo/ superior, y en última instancia acercándolos a Dios /el Universo.

Cómo usar Dai Ko Myo

Para recurrir a los efectos máximos de Dai Ko Myo, estos son algunos de los métodos que podría utilizar.

La primera es dibujar el símbolo. Otra es visualizar el símbolo completado. El último es visualizarlo o dibujarlo con el tercer ojo.

También puede meditar con el símbolo Dai Ko Myo. Esto nutrirá tu cuerpo y tu alma, dándote el poder de ayudar no sólo a ti mismo, sino a los demás que te rodean.

Si estás trabajando en mejorar tu relación contigo mismo y quieres lograr más autoconciencia o una práctica espiritual más fuerte, este símbolo es importante a lo que recurrir. Se puede utilizar en combinación con otros símbolos Reiki, sólo lo hará más eficaz.

Dai Ko Myo también es una gran manera de ayudar a fortalecer su sistema inmunológico. Dado que Dai Ko Myo mejora el flujo de energía en todo el cuerpo, puede ayudar eficazmente a eliminar los bloqueos. Esto en efecto limpia, purifica y mejora la eficiencia de su sistema inmunológico, lo que a su vez aumenta su salud general exponencialmente.

Raku: El símbolo de finalización

El símbolo Raku, o la "Serpiente de Fuego", como se le conoce por el significado, es un símbolo utilizado a un nivel muy avanzado en Reiki.

El símbolo se dibuja en zigzag, como un rayo, en forma. Se utiliza para poner a tierra o centrar a un practicante después de una sesión de Reiki.

El propósito de Raku es permitir que el cuerpo reciba los beneficios de Reiki. Es similar a la forma en que Shavasana se utiliza al final de una sesión de yoga para ayudar al cuerpo a absorber todos los beneficios de la práctica.

Raku es también un símbolo de puesta a tierra, y a menudo es utilizado por los practicantes de Reiki para eliminar cualquier energía negativa que puedan haber recogido de la persona en la que estaban practicando o para deshacerse de cualquier energía negativa que han cultivado dentro de sí mismos.

Cómo usar Raku

Puede utilizar este símbolo al final de una práctica de Reiki, con el fin de poner se ateriza y absorber todos los beneficios de la transferencia de energía. Además, cuando necesites un momento de puesta a tierra en la vida cotidiana, no dudes en dibujar el Raku también.

Cómo usar múltiples símbolos de reiki a la vez

Los símbolos de Reiki se pueden utilizar individualmente o conjuntamente entre sí. Mediante la combinación del poder de múltiples símbolos, se puede formar una sinergia verdaderamente poderosa.

Un gran ejemplo de este uso múltiple se puede encontrar en la práctica de sanar a un individuo enfermo. El practicante de Reiki puede comenzar sosteniendo una fotografía de la persona en cuestión. Luego deben centrar su atención en los símbolos Cho Ku Rei, Sei Hei Ki y Hon Sha Ze Sho Nen, un total de tres segundos por símbolo, para tres repeticiones. Por último, el practicante debe recitar el nombre del destinatario 3 veces mientras sigue sosteniendo su fotografía. Este método es una técnica de curación muy potente que demuestra la potente mezcla de energía curativa que los símbolos de Reiki pueden invocar.

Otra gran manera de usar varios símbolos diferentes a la vez es enviando energía de Reiki hacia un evento futuro que estás aprensivo o nervioso. Cualquier cosa de una entrevista de trabajo, cita médica, resultados inminentes de una prueba médica o examen académico, la lista continúa.

Esto se hace por tres repeticiones de recitar los nombres Cho Ku Rei, Sei He Ki, Hon Sha Ze Sho Nen. Al hacer esto el practicante, es importante que cierren los ojos y visualicen las formas de cada uno de los símbolos. Esto invocará vibraciones de gran calma y paz, algo que se extenderá hasta el resto del día. Este proceso te lleva el control de tu día. La positividad provocada por el proceso te da poder sobre lo que ha pasado y lo que pasará ese día, permitiéndote ser un instigador de positividad, a diferencia de una víctima de las circunstancias. El proceso también agudiza tus sentidos, a medida que te conviertes en el director, y no sólo en el público, en la sinfonía de tu vida.

Capítulo 5: Reiki y los elementos

Nuestro mundo, y el Universo mismo, contiene un número infinito de maravillas y anomalías incalculables. A modo de todo nuestro conocimiento científico y avance tecnológico, como especie estamos en la etapa de infancia de nuestras realizaciones.

A partir de estas maravillas, una de las más grandes y poderosas se puede encontrar en los reinos de los Elementos.

Los elementos forman los pilares fundamentales de nuestro mundo y Universo, se encuentran en todos y en todo; ninguno de nosotros está intacto o sin el aliento de los elementos, nuestros propios cuerpos, mentes y almas están compuestos de los elementos, unificándonos el uno con el otro y todo lo que nos rodea.

Los cuatro elementos —Aire, Fuego, Tierra y Agua— son los que se conocen en Reiki como elementos fundamentales. Además de estos, hay un quinto elemento, uno que une a los demás. Este elemento se conoce como el Espíritu o el éter.

Examinemos ahora estos elementos en detalle:

Aire

En la naturaleza, el elemento Aire se presenta a través del viento, el cielo, las nubes y los picos de las montañas. Todo tipo de aves también pertenecen al reino del aire, volando a grandes alturas y creando nidos por encima del suelo.

En una persona, el elemento del aire está representado por su pensamiento, inteligencia, respiración y aura. Nuestros pensamientos e ideas provienen del aire, así como de nuestra inspiración. La lógica y la ciencia teórica también son funciones del Aire.

El Este también está conectado con el elemento de aire. El Sol sale en el Este, y por lo tanto este lado del mundo está asociado con la mañana. Por supuesto, hay muchas opiniones sobre la correspondencia de los elementos y puntos cardinales, y cada uno de ellos puede ser justificado y aceptado. Todo depende de la tradición mágica que está cerca de ti. Todas nuestras ideas y planes, nuestra creatividad y carrera comienzan con la inspiración, que a su vez se siente como un amanecer: un comienzo brillante, lleno de promesas y oportunidades.

El aire es un elemento dirigido hacia afuera. Como todos los demás elementos, el aire tiene manifestaciones masculinas y femeninas, pero debido a la orientación, el aire se conoce condicionalmente como macho.

Símbolos del Aire son los colores del cielo: amarillo (considerado el símbolo clásico del aire en la magia), blanco, azul, gris. Incienso, plumas, campanas, ventiladores también son símbolos de este elemento.

Las criaturas del aire a menudo son retratadas como sinfines.

Signos de aire del zodíaco: Libra, Géminis y Acuario.

Fuego

El fuego, en la naturaleza, es fuego mismo. Es algo diferente del resto de los elementos ya que el aire tiene cielo, la Tierra tiene bosques, campos y montañas, el agua tiene ríos, mares y océanos. Sólo el fuego no tiene una "ubicación geográfica" natural.

Pero, precisamente por esta razón, se creía entre muchas personas que los dioses mismos hablaban a la gente a través de ella. Los animales de fuego incluyen grandes felinos y salamandras.

En el hombre, el Fuego está representado por la vitalidad, la temperatura corporal, los impulsos eléctricos y la voluntad. Nuestros deseos, temperamento, pasión, impetuosidad, ardor, tienen una naturaleza ardiente. Todas las ideas son tomadas del aire; se necesita calor ardiente para darles vida.

El fuego puede actuar como una fuerza transformadora: el viejo se quema en él y aparece algo completamente nuevo. La transformación a través del fuego es repentina y total.

El Sur está conectado con el elemento de fuego. Es mediodía que es las horas más calientes y de día y el verano, la época más caliente del año. Los lugares donde el elemento del Fuego se manifiesta más claramente son los desiertos y volcanes.

Otros objetos naturales "ardientes" están ardiendo, como los chiles, o tienen colores brillantes de colores rojos y naranjas, como ópalos de fuego.

Al igual que el aire, el fuego se llama convencionalmente un elemento masculino. Los colores de Fuego son rojos (considerados un símbolo clásico en la magia), naranja y amarillo. Además, los símbolos de este elemento incluyen velas, trozos de madera carbonizados y una lámpara. La imagen gráfica es un triángulo representado con su parte superior. Las criaturas del Fuego son salamandras. Señales del zodíaco de fuego: Leo, Aries, Sagitario.

Tierra

La Tierra en la naturaleza es la fuente principal de toda la naturaleza.

El elemento de la tierra consiste en energía derivada de una madre conocida como la Diosa, o más comúnmente, la Madre Naturaleza. Es por esta razón precisa que la Tierra tiene una resonancia que se asemeja a una madre alimentando y protegiendo a su descendencia.

De una forma u otra, la Tierra está presente en todo. También tiene las propiedades de fertilidad y dureza.

Los animales de la Tierra incluyen ganado, un oso, un jabalí, un cerdo y una cabra.

En el hombre, la Tierra está representada por su cuerpo y apariencia. La Tierra da fuerza, estabilidad, paciencia, pragmatismo, realismo y constancia.

La Tierra está conectada con Occidente y es convencionalmente llamada el elemento femenino. Al igual que el agua, se dirige hacia adentro.

Los símbolos de la Tierra son verdes (considerados un símbolo clásico en la magia), marrón y negro.

Además, los símbolos de este elemento incluyen piedras, sal, trozos de madera. La imagen gráfica es un triángulo frente a un vértice truncado hacia abajo. Las criaturas terrestres son gnomos.

Signos del zodíaco de la Tierra: Virgo, Tauro y Capricornio.

Agua

El agua se encuentra no sólo en la naturaleza, sino también en nuestros cuerpos.

Dado que los flujos y flujos ocurren en cada cuerpo (basado en el agua) como nosotros los seres humanos, se dibuja una similitud entre la Luna y el Agua. La naturaleza elemental del agua es inherente a la de la luna.

En el hombre, el agua se representa como fluidos corporales, emociones y el subconsciente. Las personas de agua no tienen miedo de las lágrimas, son propensas al drama, y son generosas con manifestaciones vívidas de emociones.

El agua es profunda, transparente y oscura, y por lo tanto asociada con el misterio, los sentimientos brillantes y la melancolía oscura. El agua se refleja en habitantes marinos, plantas y animales: delfines, ballenas, corales, algas, etc.

El agua está conectada al norte, por la noche (en este momento la Luna es mejor visible y su fuerza se siente) y en invierno (el invierno es la época del año en la que la mayor parte del agua está en forma de nieve y hielo a nuestro alrededor).

Si el aire es una idea, el fuego es una fuerza motriz, la Tierra es un momento para recoger frutas, y el agua es un momento en el que los significados y las emociones se ponen en frutas recogidas. Después de todo, es en el invierno que sentimos gratitud a nosotros mismos y a sus seres queridos por las reservas preparadas de alimentos comestibles.

El agua se llama convencionalmente el elemento femenino. Los símbolos del agua son azules (considerados un símbolo clásico en la magia), aqua, plata. Además, los símbolos de este elemento incluyen conchas y un tazón.

La imagen gráfica es un triángulo, representado con la parte superior hacia abajo.

Signos del zodíaco del agua: Cáncer, Escorpio y Piscis.

¿Cómo podemos usar la energía de los elementos?

A través del contacto, la fusión mental y el contacto físico directo con los elementos, se produce una potente limpieza, correccional, reanimación, restauración y efecto estimulante que el cuerpo físico, la psique, el sistema nervioso, la conciencia y el subconsciente, cuerpo espiritual, alma humana recibir.

Esta práctica "iguala" y equilibra la energía de una persona, estabilizando profundamente sus cuerpos sutiles, equilibra el pensamiento y aliviando a una persona de desechos de energía como celos, odio o vampirismo energético.

Funciona bien con trastornos del sistema nervioso y con enfermedades psicosomáticas. Elimina el estado de fatiga crónica, el estado de agotamiento físico, energético y nervioso. Mejora el pensamiento. Desarrolla la intuición. Abre la bioenergía en ayudas extrasensoriales. Mejora el trabajo de los chakras. Elimina los bloqueos de psicoenergía. Alivia los efectos del estrés y los choques nerviosos. Acelera la salida del estrés, la depresión. Aumenta el tono general. Limpia la mente y el subconsciente. Elimina el trauma y la angustia.

En pocas palabras, utilizamos las energías de los elementos para purificarnos.

Para el trabajo, necesitamos una serie de atributos de la energía de los elementos - palos de incienso, un recipiente de agua, una piedra (mineral), una vela.

Usted puede realizar esta práctica en cualquier momento conveniente para usted, cuando usted tiene tiempo de 30 minutos o más.

El plazo para esta práctica es estrictamente individual, de acuerdo con la salud. Algunos ni siquiera quieren detenerse y dejar el estado dichoso de gozo y paz que la práctica traerá. En cualquier caso - decidir por sí mismo. El tiempo dedicado al beneficio propio siempre dará sus frutos.

Realizar esta práctica en el modo de limpieza preventiva - 1 vez por semana. Como una limpieza de influencias negativas - 2 veces a la semana, junto con otras prácticas y procedimientos de limpieza.

La combinación de todos los elementos en una práctica ayudará a limpiar de manera integral y profunda el cuerpo espiritual. No hay apego a los chakras. La limpieza es completa, desde las profundidades del subconsciente, hasta los picos de tu cuerpo espiritual que puedes reconocer y sentir. Para completar el efecto, es importante entrar en contacto con los componentes de los elementos. En esta práctica, se necesita una capacidad desarrollada para visualizar, la capacidad de relajarse profundamente, y las habilidades de meditación, ya que el trabajo implica una fusión completa con los elementos en la meditación.

Incorporación de piedras y elementos

Comenzamos con los elementos:

- Tierra
- Agua
- Fuego
- Aire

Luego asociamos estos elementos a piedras complementarias, que magnificarán y ayudarán a aprovechar el poder del elemento correspondiente.

Tierra

Elegimos una piedra universal que limpia la energía o es adecuada según el signo del zodiaco.

Elección de piedras según los signos del zodíaco:

- Aries - rubí, ágata, turquesa, cristal de roca, pedernal, hematita, ámbar
- Tauro - esmeralda, cuarzo rosa, aventurina, ónix, zafiro, malaquita, berilo
- Géminis - perlas, ágata, alexandrita, zafiro, carnelian, turquesa, crisolito, jaspe
- Cáncer - piedra lunar, aguamarina, ópalo, obsidiana, hematita, rubí
- Leo - ópalo, topacio, cristal de roca, zircón, ónix, jade, ámbar, jaspe
- Virgo - carnelian, jade, zafiro, granate, esmeralda, cristal de roca, selenita, ónix, ópalo

- Libra - ópalo, amatista, jade, turmalina, lapislázuli, ágata, turquesa, esmeralda, selenita, carnelian

- Escorpio - topacio, aguamarina, granada, malaquita, turquesa, turmalina, jade

- Sagittario - turquesa, agata, Esmeralda, topaccio, amatista, crisolito, granate

- Capricornio - rubí, calcedonia, granada, turquesa, turmalina, malaquita

- Acuario - amatista, granada, aguamarina, obsidiana, lapislázuli

- Piscis - perlas, esmeralda, amatista, ópalos, turmalinas.

Piedras universales - turmalina y shungita, son muy adecuados para todos los signos de purificación, ya que aumentan los niveles de energía.

¿Qué hacer a continuación?

Con una piedra en tus manos, calienta con tus palmas, siéntala, pide darte fuerza, energía.

A continuación, aplicar la piedra, durante 1-2 minutos en el área de cada uno de los chakras, dejar que el calor de la piedra en el chacra, llenarlo de energía.

¿Cómo? En primer lugar, simplemente poniendo una piedra en la mano, escuchar el chakra, sentir el calor en la piedra, esperar la pulsación en el chakra, y cuando se inhala, absorber el calor de la piedra en el chacra.

Entonces deja a un lado la piedra.

La práctica de trabajar con los elementos de la Tierra debe comenzar con la puesta a tierra.

Desmonte el ancho de los hombros. Respira lenta y profundamente. Imagina cómo tus pies "crecen" en el suelo, en el suelo, en lo profundo del suelo.

Entonces levántate de los pies y "sube" de pie hasta el suelo. Esto resultará en una ola de energía que va por todo el cuerpo, sacudiéndolo, relajándolo. Haz esto 5-10 veces. Después de eso, respira profundamente y con calma durante 60 segundos.

Ahora recuerda el principio de "lo que imaginas que es real", y de nuevo déjate "crecer" y formar raíces en la tierra. Profundo, profundo, hasta el centro de la tierra, hasta el núcleo de la tierra. Y respirando profundamente, en cada respiración nutrimos el cuerpo a través de los pies con la energía de la tierra.

Conviértete en una piedra. Conviértete en la tierra. Puede visualizar altas montañas, desiertos, paisajes desde una altura. Siente el pulso de la tierra. Y unos 5 minutos después de tal "respiración" de la tierra, fusionándose con la tierra, volvemos a ponernos de los dedos. 5-10 veces.

Pero ahora, al mismo tiempo, imaginamos que la piedra se desmorona en polvo, en pedazos, en polvo fino. Y "desmoronando" de esta manera, la piedra que nos hemos convertido mentalmente destruye dentro de usted (dentro de su cuerpo espiritual) todos los coágulos negativos de energía, todos los programas de energía negativa, todas las perturbaciones, todos los focos de la enfermedad, todos los pensamientos negativos y emociones - miedos, debilidades, ira, resentimiento, culpa, apatía, vacío, pesadez en el alma. Los rocía en polvo.

Y a medida que la piedra desaparece, sólo tú te quedas, vacío y limpio.

Después de eso - agitar todo el cuerpo, caminar un poco, recuperar su ligereza. Siente el cambio en tu condición. Si hay opresión, pesadez, malestar en algún lugar del cuerpo o en cualquiera de los chakras, usted no debe preocuparse. Todavía tienes trabajo con otros elementos por delante. Que la energía de un elemento no ha sido eliminada, el otro lo "limpiará". Y, además, esta práctica de purificarse con las energías de los elementos conducirá al resultado esperado cuando se realiza regularmente.

Agua

Para trabajar con los elementos de agua, tome un recipiente de agua potable limpia, aproximadamente 1,5 litros. Será útil para usted en el futuro para continuar la limpieza. ¿Cómo? Sólo bébetelo.

Mientras tanto, durante el procedimiento de trabajo con los elementos del agua, lo "procesará" de la manera correcta.

Al comenzar con los elementos del agua, esta parte de la práctica se puede hacer mientras está sentado. Para completar las sensaciones, necesitarás contacto directo con los elementos del agua.

Tome un vaso de agua de una botella. Bébelo lentamente en pequeños sorbos. Siente cómo pasa el agua a través del esófago y hacia el estómago, e imagina que la energía que bebes de agua en una onda cálida y lenta divergiendo por todo el cuerpo.

Después de eso, ponga una botella de agua delante de usted e inicie esta visualización.

En el ojo de tu mente, párate debajo de la cascada, deja que lave la suciedad mental, física y energética de ti. Siente cómo te refresca.

A continuación, imagine un océano enorme. Escucha el sonido de las olas, que te relajarán aún más. Mentalmente, y lentamente, entra en él. Siente cómo te "lleva" en sí mismo. Permítete disolverte en ella.

Deja que el océano entre en ti, en tus nervios, en tu cuerpo, en tu cuerpo espiritual. Imagínate a ti mismo, para mayor credibilidad, con un trozo de barro que se disuelve y desaparece en las olas del océano. Conviértete en una gota en este océano. Disolver en él. Disuelve tu suciedad, tu negatividad, tu fatiga en ella. Que el agua y su energía. estén en cada célula del cuerpo.

Eres una ola, eres una variedad de agua que pesa muchos miles de millones de toneladas. Ligero, poderoso, animado.

Muévete junto con sus corrientes, balancea sobre sus olas. Relájate más. Disolver en agua. Conviértete en una gota y desaparece en el agua. Sólo queda el eco lejano y distante del ego. Todo lo demás es la energía de vivir, agua pura.

Necesitas paz interior - imagínate un océano sereno, profundo, cálido, tranquilo y desapasionado, vasto.

Necesitas energía, fuerza, ira saludable- conviértete en una tormenta, una tormenta que romperá tus debilidades, miedos y todo lo malo. Esta corriente de huracanes puede romper todo lo malo, sucio y débil dentro de ti.

Hable con agua, pida fortaleza, pida ayuda, limpieza y renovación. Haga preguntas sobre el agua, y tal vez - usted encontrará inmediatamente las respuestas. Una vez dentro se obtiene una sensación de ligereza, pureza, serenidad, fuerza - sólo "volar hacia arriba" como una gota sobre el océano, convertirse en vapor - ligero y aireado. Tu "yo" lo ha perdido todo mal y duro.

Y en un estado de tanta ligereza, regresa a tu cuerpo. Después de eso - tomar unos sorbos más de la botella que está frente a usted. Lávatelo con ella. Métnelo en tus manos. Agitar se. Da gracias al agua. Beba el agua restante en pequeñas porciones en 2-3 días.

Fuego

En mi experiencia, el fuego y el agua tienen el mayor potencial de purificación. Por lo tanto, en mi trabajo, a menudo uso estos elementos y su energía.

Para trabajar con el elemento de fuego que necesitará una fuente de fuego - una vela ardiente. Esta práctica se puede realizar mientras está sentado o de pie.

Coloca una vela encendida frente a ti. Y empieza a hacer contacto con el fuego. Cuidado con las llamas. Libera tus pensamientos. Relajarse. Relájate más.

Cuando los pensamientos se "queman" y hay vacío y silencio en tu cabeza, acércate al fuego. Sostén la vela en tus labios. Inhala el calor del fuego. Y mientras inhalas, distribuyelo por todo tu cuerpo.

Se satura con fuego, saturado de calor. Siente el calor. Envíalo al área de tus manchas doloridos en el cuerpo. Enviarlo a la zona de chacras problemáticos.

Asegúrese de enviarlo al corazón y al estómago.

Pon las palmas alrededor de la vela. Caliente a una ligera sensación de calor. Luego, deja que el calor vaya de las palmas al resto de tu cuerpo.

Pasar la vela lentamente a lo largo de la parte central del cuerpo - de la corona a la región inguinal y de nuevo hacia arriba. Varias veces. Arriba y abajo.

Entonces - sosteniendo una vela en la mano, deténgase durante varios segundos en el área de cada chakra, haciendo movimientos rotacionales en sentido contrario a las agujas del reloj en el área de cada chakra. Abajo, arriba. Durante esto, es muy bueno leer cualquier oración que usted sepa, lo que mejorará aún más el efecto de limpieza. Esta es una limpieza adicional de los chacras.

Entonces, pon una vela delante de ti. Concéntrate en el fuego y entra en él. Estás en llamas. El fuego está dentro de ti y a tu alrededor. El fuego te quema, pero no duele. Te quemas.

El fuego es tu amigo. Cálido, fuerte, animado. Te quemas con tus miedos, enfermedades, nervios, pensamientos estúpidos y vacíos, con insultos, con los programas negativos de otras personas. No tengas miedo. Todo lo superfluo arderá, te quedarás. Conviértete en un fuego furioso. Quema todo lo que te moleste. Quema a todos los que te hacen el mal. Déjate fortalecer, paz, confianza y energía. Por otra parte, 'vuelve a ti mismo'.

Apague la vela y descanse durante 2-3 minutos. Observa tus sentimientos y pensamientos.

Y para completar la práctica de purificación por las energías de los elementos que necesita para trabajar con la energía del aire. Y con su atributo. Que el humo sea un atributo de la energía del aire. El humo del incienso, palos de incienso.

Aire

El humo de la salvia es muy adecuado - esta hierba es utilizada por los chamanes al limpiar las habitaciones, cuando se trabaja con personas enfermas.

La fumigación con palos de incienso también es muy adecuada.

Rosa y jazmín - en un estado de ansiedad, estrés, tensión nerviosa.

Pino, cedro - con exceso de trabajo físico.

Lavanda - con irritabilidad, o exceso de trabajo.

Melissa, limón, incienso, jazmín, incienso, enebro, romero - para limpiar la energía, libre de vampirismo energético, odio e ira de otras personas.

Además, limón - con agotamiento general, exceso de trabajo, y el pensamiento debilitado.

Sándalo, orquídea, manzanilla, bálsamo de limón - con exceso de trabajo mental y físico.

Puedes usar incienso. Pero elige solo un tipo de fragancia. Determina de antemano por ti mismo qué olor es tuyo para que no se vuelva malo.

Enciende el palo de incienso. Sólo relájate unos minutos, respirando el aroma del humo de un palo ardiente. Relájate, desecha los restos de problemas, basura, suciedad, emociones que los elementos anteriores no alcanzaron.

Pídele al elemento del aire que te ayude a limpiarte, a dar ligereza, a liberar tu alma, cuerpo, mente de la suciedad y la negatividad.

Ahora necesitas levantarte, tomar el palo de incienso en tu mano y fumar todo el cuerpo con humo. De la cabeza a los dedos. Lenta y pausadamente, llevar el palo ardiente a lo largo de las piernas, a lo largo de los brazos, a lo largo de la línea media del cuerpo, alrededor de la cabeza, pidiendo mentalmente el elemento de aire para ayudar en la limpieza. 2-3 minutos.

Después de lo cual - a elección - ya sea extinguir, o - si no irrita y no sofoca el aroma - dejarlo durante la duración de la obra.

Ahora puedes sentarte y mentalmente imaginarte frente a una corriente de viento. A primera luz, agradable, relajante. Entonces - todo lo que crece, que te sopla a través y a través, "soplando" la suciedad de energía de ti, todos los bloques internos de psico-energía, todos los malos pensamientos, toda la negatividad acumulada.

Vuela en un estado de ligereza e ingravidez sobre la tierra o dentro de ti mismo, tu "microcosmos". Hasta el momento en que el estado de paz, armonía, ligereza, alegría, paz y fuerza viene en la mente, en el alma, en el subconsciente y en el cuerpo. Después de eso, salga de este estado, vuelva a sí mismo, pero trate de mantener este estado el mayor tiempo posible.

Así que, después de esto, el procedimiento para limpiar las energías de los elementos ha terminado. Todo. Ahora, cuidado con tu estado. No se apresure a "dispersar su cerebro", fijar el estado que ha recibido y mantenerlo más tiempo.

Descansa 20-30 minutos - y adelante - VIVE con nueva fuerza y energía.

Capítulo 6: Uso de cristales en Reiki

Desde el principio de los tiempos, los cristales se han utilizado para ayudar a las personas a tratarse a sí mismas o han sido implementadas por curanderos que buscaban ayudar a los demás. Los cristales se han asociado con numerosos sistemas de curación y fe, y han aparecido prominentemente en todo tipo de tratamientos en todo el mundo.

Cuando se trata del mundo de Reiki, los cristales se utilizan como herramientas de un cirujano, como instrumentos precisos y deliberados para instigar un cambio positivo.

Los cristales iniciales o fundamentales que veremos con respecto a Reiki son los siguientes:

- Cristales de roca
- Amatista
- Fluorita
- Cuarzo rosa o ahumado

Estos cristales se combinan perfectamente con la energía de Reiki, y también se complementan entre sí, ya que sus cualidades y capacidades difieren, pero se extienden a través del espectro de utilidad, haciéndolos en última instancia una combinación integral de cristales.

Ahora vamos a examinar los cristales con más detalle, lo que nos permite entender tanto los cristales como sus aplicaciones dentro de Reiki.

Cristales de roca

Los cristales de roca son de cuarzo perfectamente transparente. Tienen los bloques de construcción elementales más estructurados en la naturaleza. Los cristales de roca están determinados por su estructura interna que se distingue tanto por las cualidades de perfección como por el equilibrio.

Los cristales de roca representan la etapa más alta de la evolución en el reino de los minerales y son bastante universales en la práctica del Reiki.

Como un cristal, son energéticamente neutros, lo que significa que pueden ser utilizados por cualquier persona, y también pueden combinarse con seguridad con otros minerales.

Se sabe que los cristales de roca son capaces de estabilizar la fuerza espiritual y física de una persona.

Pueden aliviar el dolor, y tienen la capacidad de bajar la temperatura corporal excesivamente alta como fiebres, etc.

Sorprendentemente, este tipo de cristal nunca se calienta. Los cristales de roca permanecen frescos incluso cuando están expuestos a la luz solar directa durante largos períodos de tiempo.

Este cristal natural también es capaz de reducir los hematomas o el dolor de cabeza.

Los cristales de roca también tienen el poder de mejorar la actividad de la vesícula biliar, y tienen un efecto sedante o calmante en el cuerpo humano.

Pueden ayudar con enfermedades agudas y crónicas del hígado y el tracto biliar también.

Los cristales de roca contribuyen significativamente al correcto funcionamiento de la médula espinal y el cerebro.

Los cristales de roca desinfectan el agua. También se puede aplicar a las heridas para que los rayos del sol puedan filtrarse a través de la piedra y de la zona afectada, curando así las heridas. Al pasar a través del cristal, los rayos ultravioletas matan las bacterias, lo que contribuye a una cura rápida.

Amatistas

La amatista es un cristal que ayuda a desarrollar las habilidades internas de una persona. Abre las puertas a esferas superiores y estimula a un individuo de tal manera que mejora su capacidad de comprender la sabiduría universal.

También se llama la piedra principal de la meditación. Esto se debe a que amplía el horizonte de la percepción, promueve el discernimiento e influye dinámicamente en la inspiración. Con este fin, la amatista se aplica normalmente entre las cejas.

La amatista se ha demostrado para trabajar bien con la presión arterial alta, hiperfunción de las glándulas endocrinas, varios procesos inflamatorios, condiciones de estrés psicológico, y el insomnio.

Una hermosa función de este cristal es que calma el sistema nervioso, lo que ayuda al practicante / receptor a lograr la paz, claridad y también el fortalecimiento significativo de la memoria.

Fluorita

La fluorita es una piedra transparente o translúcida. Se puede encontrar en varios tonos de color, tales como incoloro, azul, rosa, amarillo, verde, púrpura, rosa oscuro, negro. Irregularidad y intensidad variable del cristal, lo convierten en un cristal muy único y elegante.

Además de tener una apariencia agradable, se sabe que los cristales de fluorita tienen el poder de afectar directamente a los centros de energía (chakras) del cuerpo, desde el corazón hasta la corona. Como un resultado, Este cristal es capaz de eliminar los efectos del estrés, dolores de cabeza, depresión, ansiedad, y sentimientos emocionales. Y teniendo en cuenta las situaciones estresantes que nos esperan a la mayoría de nosotros en casi todos los giros de la vida moderna, Fluorite es realmente una herramienta invaluable para purificar nuestras mentes y cuerpos de los efectos tóxicos de nuestras vidas.

La fluorita también tiene un efecto positivo en los sistemas cardiovascular y nervioso y el cerebro. El cristal es capaz de ayudar con enfermedades graves como la epilepsia y la esclerosis múltiple.

Cuarzo Rosa

El cuarzo rosa es un sanador de heridas mentales, y se conocen dentro de los círculos iluminados de Reiki como la 'Piedra de la Salud Emocional'. Este maravilloso cristal es invaluable porque nos ayuda a sentir la alegría de la vida y el amor. Esto se logra aplicando el cristal en el área del corazón. El efecto es un reajuste completa de nuestro enfoque espiritual. A menudo, nuestra energía está dividida, se divide entre todas las cosas que están sucediendo en nuestras vidas. Pero al usar cuarzo rosa en nuestra zona del corazón, nuestro enfoque energético se desplaza (radical y definitivamente) hacia la dirección de la alegría y el amor. Proporcionar un cumplimiento instantáneo y una paz duradera.

La energía de este mineral nos ayuda a adaptarnos y, en última instancia, a hacer las paces y a dejar de delafiar situaciones de vida difíciles. Nos permite rendirnos a las circunstancias incontrolables de la vida, al mismo tiempo que nos lleva a la conciencia y al unísono con nuestro propio poder personal. Es un nivelador de ego y un promotor tanto de la necesidad de amarnos a nosotros mismos, como de amar a los que nos rodean, independientemente de sus acciones.

Además de las cualidades milagrosas anteriores, el cuarzo rosa también tiene el poder de influir en nuestra resistencia a las enfermedades de los sistemas nervioso sorcentral y periférico, linfático, excretor y cardiovascular. También ayuda con enfermedades inflamatorias y se ha sabido para disminuir / incluso erradicar los efectos de la mayoría de los tipos de diabetes. El cuarzo rosa también tiene un efecto positivo en el funcionamiento del páncreas, por lo que es un cristal muy dinámico dentro del arte de Reiki.

Cuarzo ahumado

El cuarzo ahumado es un mineral que ayuda a penetrar nuevos niveles de conciencia y ayuda a revelar varias habilidades mágicas. Ayuda a lograr un estado más profundo durante la meditación, liberar el estrés y ganar paz interior.

El cristal también aumenta la vitalidad, y crea exponencialmente tanto un impulso ambicioso dentro de su receptor. Por lo tanto, el cuarzo ahumado se ha utilizado con éxito en el tratamiento de enfermedades mentales asociadas con tendencias apéticas, depresivas y suicidas. Además, se ha implementado eficazmente en el tratamiento de la drogadicción y el alcoholismo, mientras que también ayuda a las personas a dejar de fumar o perseverar a una dieta con el fin de perder peso.

Este mineral tiene un efecto beneficioso sobre el páncreas, glándulas suprarrenales, hígado, y el sistema nervioso. Cuarzo ahumado también puede mejorar la sexualidad y la libido de una persona, así como contribuir a la concepción.

El uso de cristales en la práctica de Reiki

Cristales de varias formas y tamaños son adecuados para trabajar con Reiki. Al elegir un cristal, concéntrese en la intuición, en su atracción hacia él. Después de la compra, asegúrese de limpiar el cristal de las energías viejas.

Limpieza de cristales

Para limpiar eficazmente la energía de un cristal, debe observarse el siguiente protocolo.

Paso 1: Coloque el cristal bajo agua fría o colóquelo en una solución de sal (2-3 cucharadas de sal por litro de agua)

Paso 2: Enjuague el cristal con el agua, usando un paño para limpiar

Paso 3: Asegúrese de repetir este proceso tres veces antes de usar el cristal. Esto asegurará una limpieza completa y eficaz del cristal, liberando a cualquier energía antigua, y permitiendo que se utilice en todo su potencial.

Métodos de uso de cristales

1. Con las sesiones de Reiki — Al comienzo de una sesión de Reiki, los cristales cargados se colocan en las áreas problemáticas del cuerpo y se dejan allí hasta que finaliza la sesión.

Una vez en el cuerpo del paciente, los cristales actúan como condensadores eléctricos. Son capaces de liberar energía acumulada previamente durante el contacto con el cuerpo humano. Durante las sesiones, puede utilizar un tipo de cristal o varios cristales a la vez.

2. Intervalos de cristal - Puede dar cristales cargados a sus pacientes para que en los intervalos entre las sesiones de Reiki se aplican a las áreas problemáticas.

Este método mejora el efecto de una sesión de Reiki, ya que mantiene la continuidad de la exposición. Se sabe que Mikao Usui a menudo utiliza este método en su práctica médica.

3. Meditación con un cristal — Para esta meditación, cualquiera de los cristales mencionados anteriormente puede ser elegido:

- Siéntate cómodamente, con los pies firmemente en el suelo, hacia atrás recto, pero sin estrés indebido
- Dobla las palmas de las manos delante del pecho, coloca el cristal entre las palmas
- Manténgase en esta posición durante 10-30 minutos, concéntrese en sus sensaciones que surgen en las palmas y en todo el cuerpo
- Al final, gracias al cristal y la energía de Reiki

Con el cristal de amatista, puedes hacer la siguiente meditación:

- Tome una posición cómoda en la mentira
- Coloque el cristal de amatista entre las cejas, coloque la mano izquierda en la zona del corazón y la mano derecha en el área del plexo solar
- Permanezca en esta posición durante 15-20 minutos, manteniendo el enfoque en sus sentimientos
- Al final, gracias al cristal y la energía de Reiki

Con un cristal de cuarzo rosa, puede haber tal variante de la meditación:

- Tome una posición cómoda en la mentira
- Coloque el cristal de cuarzo rosa en el corazón, la mano izquierda en la parte superior del cristal y la mano derecha en el plexo solar o el abdomen
- Permanezca en esta posición durante 15-20 minutos, manteniendo el enfoque en sus sentimientos
- Al final, gracias al cristal y la energía de Reiki

El uso de cristales en la práctica de Reiki es sin duda un proceso muy interesante y creativo en el que necesitas aprender a confiar en tu intuición y sensaciones, en el flujo de energía, y dar rienda suelta a tu imaginación.

Además, los cristales necesitan limpieza y recarga regulares. Por lo tanto, después de la sesión de Reiki asegúrese de seguir los protocolos anteriores en la sección de limpieza de cristal, con el fin de asegurarse de que sus cristales se limpian y se recargan.

Capítulo 7: Uso de energía y activación de Chacras

The traditional first stage of Reiki provides truly phenomenal opportunities for working on yourself. Esta etapa se llama Shoden, y es la más ambiciosa en términos de reestructuración de las estructuras energéticas/informativas de una persona.

Todos los siguientes pasos aumentan tu capacidad de traducir Reiki al mundo exterior y proporcionar técnicas nuevas y aplicables para esto. Pero el trabajo más serio en la reconstrucción de uno mismo se encuentra precisamente en el primer nivel - Shoden.

Shoden está diseñado para reconectarnos con nuestra forma física, algo que está tan cerca de nosotros y, sin embargo, al mismo tiempo tan distante. Por lo general, sentimos nuestro propio cuerpo sólo cuando experimentamos dolor o malestar.

El cuerpo físico es una extensión más grosera de nuestra alma, un maravilloso medio de transporte que nos permite movernos, así como sentir y entender las infinitas situaciones de la vida cotidiana. Nos ayuda a experimentar (y en última instancia entender) el dolor y el placer, la dicha y el sufrimiento.

Cuando restablecemos con éxito el contacto con nuestro propio cuerpo, también obtenemos la capacidad de sintonizar el cuerpo de otra persona, y luego con la esencia de la vida misma.

Reiki es una energía muy sutil. Se necesita tiempo para que un principiante sintonice todo su potencial lo suficientemente profundo como para apreciarlo. Con cada iniciación en la práctica, los chakras se ajustan a una frecuencia más alta, y como resultado, se obtiene (siempre que esté abierto a esto):

- Fortalecimiento de la percepción interna

- Desarrollo de una gran sensibilidad a la energía de otras personas, cosas y, por supuesto, a la tuya. Esto también incluye el agravamiento de la intuición, sentimientos que has descuidado durante tanto tiempo

- Gran autoconfianza y fe en la vida como una fuerza favorable para ti. Cuando descubres que eres sólo una pequeña partícula de esta orquesta, te das cuenta de que el universo quiere lo mejor para tus partículas, y dejas de resistirte al cambio

- Más compasión por todos y todo, incluyéndote a ti mismo. Ahora, centrándose en la energía vital universal, comienzas a darte cuenta del hecho de que la separación es sólo una ilusión. Todos vivimos del mismo combustible

- Mayor responsabilidad por la propia vida y existencia. Tomas tu vida en tus propias manos y trabajas con todo lo que existe, en lugar de ir en contra de ella

Se recomienda, por regla general, no proporcionar sesiones de Reiki de forma gratuita, o mejor llamado como dar sin recibir. La recompensa o el intercambio no tiene que ser monetario, pero un intercambio debe estar presente. Esto se debe a que es difícil para la gente apreciar lo que se da / recibido de forma gratuita. El valor normalmente se asigna a las cosas que hemos ganado, pagado o trabajado duro para obtener. Este valor que asignamos, nos lleva a una frecuencia vibratoria más alta. Y es esta frecuencia en la que debemos sintonizar, para que podamos obtener o transferir los máximos efectos de nuestra práctica de Reiki. Por lo tanto, asegúrese de que un intercambio está presente entre usted y la persona con la que está trabajando en su Reiki - esto mejorará exponencialmente la práctica de todos los involucrados.

El primer nivel de Reiki de Sodden también se puede aplicar a animales domésticos y otros animales, plantas, cristales, dispositivos electrónicos, en resumen, todo animado e inanimado.

Las posiciones de las manos de los animales siguen siendo las mismas ya que la ubicación de los órganos en los animales coincide con el humano.

Si el animal es muy pequeño, lo mejor es tocarlo o sostenerlo directamente detrás de las orejas. La duración de la sesión dependerá del propio animal. Después de haber recibido suficiente energía, la mayoría de los animales simplemente desaparecerán.

Los perros suelen disfrutar de Reiki, así que practica libremente con ellos. He escuchado acerca de positivoy negativo evaluaciones sobre gatos, así que proceder con precaución aquí.

Puede influir en los peces tocando las paredes del acuario y así cargar el agua.

Las plantas de interior reciben una parte significativa de los nutrientes con la ayuda de las raíces, por lo que lo mejor es actuar sobre ellas, cubriendo la maceta con ambas manos y enviando energía allí. Del mismo modo, se puede tratar el agua destinada a regar, nutrir o rociar plantas.

La energía se puede transmitir a un árbol cubriendo el tronco con todo su cuerpo. Todos los representantes de la flora responden muy bien a Reiki también.

Puedes procesar alimentos y bebidas si no te gusta su sabor o no estás seguro de que estén preparados con amor. Aparentemente, sería bueno hacer esto cuando comes en grandes restaurantes comerciales.

Antes de tomar el medicamento, puede sostenerlo en la mano por un tiempo. Los cristales se cargan muy fácilmente con energía Reiki, para lo cual sostener el cristal en su mano es suficiente para transferir energía a él.

La técnica de la biografía curativa

Esta es una técnica poderosa que es más que capaz de revolucionar tu vida.

Se utiliza como una tradición de primer paso.

Siempre recomiendo comenzar a trabajar con la curación de mi biografía en la primera etapa también, con el fin de acercarse a la Segunda iniciación en Reiki siendo limpiado y transformado personalmente.

IMPORTANTE: Si empiezas a utilizar esta técnica, es importante realizarla todos los días hasta su finalización. No se recomiendan las pausas.

1. Comience con esta frase de afinación de Reiki: "Invito a la Energía Divina de Reiki a sanar y armonizar mi biografía y mi (tu edad) año de vida a todos los niveles, en todas las realidades, ¡aquí y ahora!" Repite esto tres veces

2. Visualiza entre tus palmas, una esfera de energía dorada. Imagina que esta esfera contiene el año actual de tu vida (es decir, si tienes actualmente 25 años, entonces la esfera contiene los 25 años de tu vida). Trate de recordar eventos importantes en este año de su vida. Concéntrese en su intención

3. Llena esta esfera con energía reiki que sale de tus palmas, siempre y cuando te sientas necesario (al menos 7-10 minutos, máximo no está limitado). Sepa con *certeza* que Reiki ahora está curando este período de su vida, suavemente y con seguridad, a todos los niveles, en todas las realidades, y para su bien más alto

4. Para mejorar el flujo de energía, repite a ti mismo: "La Energía Divina Reiki sana y armoniza ahora mi (tu edad) año de mi vida, a todos los niveles, en todas las realidades, ¡aquí y ahora!"

5. Gracias y liberar Reiki

6. Al día siguiente, según el mismo principio, comienza a trabajar con el año anterior de tu vida (si ayer fue el 25, hoy entra para el 24)

7. De acuerdo con el mismo principio, sigue adelante todos los días hasta que finalmente llegues al momento de tu nacimiento y trabajes con él en una sesión separada, usando la palabra: "Invito a la Energía Divina del Reiki a sanar y armonizar mi biografía y el momento de mi nacimiento - a todo nivel s, en todas las realidades, ¡aquí y ahora!

8. A continuación, haga ejercicio el mes de su desarrollo intrauterino todos los días. Por ejemplo: "Invito a la Energía Divina del Reiki a sanar y armonizar mi biografía y el noveno mes de mi desarrollo prenatal - a todos los niveles, en todas las realidades, ¡aquí y ahora!", etc.

9. Habiendo alcanzado la concepción, trabajar a través de ella para enviar Energía de Reiki a sí mismo en ese momento, curando todos los factores desfavorables y fortaleciendo todos los positivos: "Invito a la Energía Divina del Reiki a sanar y armonizar mi biografía y el momento de mi concepción - en todos los niveles, en todas las realidades, ¡aquí y ahora!"

10. En una sesión separada, envía a tu madre energía en la víspera de tu concepción para llenarla de energía de Reiki: "Invito a Reiki Divina Energía a sanar y armonizar mi biografía y a llenar a mi madre con la vida, la salud y la energía de armonía en la víspera de mi concepción - a todos los niveles, en todas las realidades, ¡aquí y ahora!

11. En una sesión separada, envía energía a tu padre en la víspera de tu concepción para llenar Reiki de energía auspiciosa: "Invito a la Energía Divina de Reiki a sanar y armonizar mi biografía y a llenar a mi padre de vida, salud y armonía en la víspera de mi concepción - al l niveles, en todas las realidades, ¡aquí y ahora!

Importante:

- No omita ningún punto de esta práctica. Incluso si realmente no quieres cumplirlos, rodea tu resistencia y confía en Reiki Energy. Siguiendo el algoritmo propuesto, verá qué resultados traerá

- Si tus padres murieron/no hubo contacto con uno de tus padres/uno de tus padres fue muy malo para ti, asegúrate de cumplir cada paso del proceso, sin ninguna excepción. ¡Siga cada paso de todos modos sin ningún cambio - ¡Reiki le curará, confiar en el proceso completamente!

Cuando la iniciación de la primera etapa se haya completado y tu bioestructura se haya enlíneado con la energía divina del Reiki, serás vitalizado de maneras que nunca podrías haber imaginado. La vida misma se verá y se sentirá muy diferente. Pero ten en cuenta que esto es sólo el principio. El siguiente es el trabajo para mantener este estado y llevar estas habilidades al automatismo.

Ejercicios de activación de Chakra

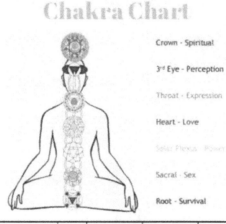

Chakra Chart

Crown - Spiritual

3rd Eye - Perception

Throat - Expression

Heart - Love

Solar Plexus - Power

Sacral - Sex

Root - Survival

#	Chakra		Color	Associated With	Helpful Crystals	Theraputic Sounds	Beneficial Actions
7	Crown	Sahasrara	Violet	Connection to Spirit, joy, compassion	Amethyst, Quartz, Diamond	Silence	Rest
6	3rd Eye/Brow	Ajna	Indigo	Intuition, wisdom, dreams	Lapis Lazuli, Flourite, Sodalite	Classical, New Age	Puzzles, Education
5	Throat	Vishuddha	Blue	Communication, expression	Angelite, Celestine, Amazonite	Music with echo, bass, & vibration	Singing
4	Heart	Anahata	Green	How you relate to self and others, your internal reality	Malachite, Aventurine, Rose Quartz	Rythmic Beats, emotional overtones	Hugging
3	Solar Plexus	Manipura	Yellow	Personal power, identity, self-control	Citrine, Golden Tiger Eye, Yellow Jasper	Nature sounds, upbeat music	Jogging, Belly Dancing
2	Sacral	Swadhisthana	Orange	Feelings, creativity, adaptiblity	Carnelian, Sunstone, Fire Agate	Running Water	Dancing, Sex
1	Root	Muladhara	Red	Security, acceptance, confidence	Smokey Quartz, Garnet, Obsidian	Deep percussion, bass	Contact sports, heavy labor

Aquí, hay un efecto positivo múltiple - esto es un aumento significativo en el potencial de energía interna, estabilización de la psique, y un poderoso efecto terapéutico en todo el organismo.

El programa Shoden también incluye capacitación en los principios de tomar de la mano el tratamiento y la transferencia de energía De Iki.

Cómo aprender a sentir el flujo de energía dentro de ti:

EJERCICIO 1

¿Cómo puedes aprender a sentir el flujo de energía en ti mismo? Levanta la mano derecha a la cabeza para que la palma de la mano esté frente a la frente. ¿Qué sientes? Lo más probable es que nada.

Baja la mano. Ahora pon las dos manos, a la izquierda en el estómago. Inhala y exhala profundamente tres veces, siente cómo el estómago sobresale un poco durante la inhalación y cómo la energía caliente se acumula dentro de él (esto ya no es necesario sentir, simplemente puedes imaginar).

A continuación, trae tu mano a la frente de nuevo. ¿Sientes la diferencia?

Con toda probabilidad, ahora se siente el calor que fluye entre la mano y el lugar del "tercer ojo", es decir, entre los puntos en el centro de la palma (chakra de la mano) y entre las cejas (chakra de la frente), esta sensación de calor (un nerviosismo o cierta presión también puede no se observará) indica que la energía está fluyendo.

Seguramente experimentarás una sensación muy agradable.

Por lo tanto, repita los ejercicios descritos varias veces. En particular, ayudan con un seno y problemas en los senos paranasales.

Comenzamos con este ejercicio para ayudarle a sentir la energía que fluye entre dos chakras. (Es interesante notar que, en situaciones extremas, con lesiones o mientras está en el útero, nuestros cuerpos a menudo toman poses en las que todos los chakras se tocan entre sí y pueden intercambiar energía - todo esto juntos forma una 'posición fetal'., los chakras también tocan.)

EJERCICIO 2

Este ejercicio le ayudará a sentir la energía que fluye desde el chakra de la mano a los cuatro chakras superiores (que fue el tema del experimento que realizó en la lección anterior).

Comience por poner ambas manos sobre el estómago (izquierda sobre derecha), es decir, en lugar del chakra sagrado, y tomar tres respiraciones profundas y exhalar. El chakra sacro transfiere la energía más fuerte y puede cargar los chakras de la mano con él.

A continuación, poner ambas manos (ahora a la derecha sobre la izquierda) en el pecho, en lugar del chakra del corazón. Muchos no saben realmente dónde está. En este caso, coloca las manos justo en el centro del pecho y trata de encontrar el lugar desde el que fluye la energía (¿de dónde sientes calor, temblores o tensión agradable de las manos?). Trate de descubrir este lugar no por la razón, sino por la intuición.

Si tienes la sensación de que tus manos deben ser colocadas de manera diferente, entonces esta es una prueba de tu preparación para recibir energía. Tal vez lo sientas no directamente, sino a través de las emociones: cuando sostienes tu mano sobre el chakra del corazón, un sentimiento de amor despierta. Deja que tus manos sigan recostando sobre el chakra del corazón hasta que tomes unas cuantas respiraciones más.

Recargar los chacras de las manos, sosteniéndolos, como antes, en el estómago y respirando profundamente.

Ahora pon tus manos en tu garganta - donde está el chakra de la garganta. Al mismo tiempo, mantenga los dedos en las vértebras cervicales y la carne de palma cerca de la laringe. En este caso, la energía se puede expresar en la necesidad de comunicación - recordar este sentimiento y después del ejercicio, llamar a un amigo.

En el futuro, respira para recargar las manos. Ahora nos dirigimos al chakra frontal. A diferencia del primer experimento, usamos ambas manos. Imagina un "casco" con ellos, como si quisieras recoger agua. No coloque las manos una encima de la otra y manténgalas a una distancia de unos 3 cm de la frente, es decir, desde el chakra frontal. Aquí no tendrágrandes problemas para sentir el flujo de energía. Si aparecen, trate de enfocarse en dónde está el chakra frontal. Confía en tu intuición.

Ahora que entiendes lo que está sucediendo: antes de pasar a la parte superior, chakra de la corona, cargar sus chakras de la mano de nuevo. Levanta los brazos por encima de la cabeza para que solo toquen con las yemas de los dedos. No se desanime si después de eso se siente una corriente más pequeña de energía que en otros chakras. El chakra de la corona es un lugar de desarrollo espiritual, y se está formando gradualmente. Sentirás el efecto del flujo de energía más claramente si tienes pensamientos claros, emociones positivas, y sentirás la unidad del cuerpo, el alma y el espíritu.

EJERCICIO 3

Fortalecer el flujo de energía a través de la respiración.

Ya hemos dicho que la respiración es el "motor" de la energía. La vida es imposible sin respirar. Cuando nos enfocamos en ciertos puntos del cuerpo, respirar "fluye" allí. Naturalmente, no el aire que respiramos, sino la energía vital que viene con él. Gracias a ciertas técnicas de respiración, podemos combatir enfermedades, cargar los centros energéticos de nuestro cuerpo. La respiración que carga los chakras, ya hemos establecido utilizando los ejercicios anteriores.

A continuación, le ayudaremos a establecer una respiración controlada. Esto sucederá porque la carga de los chakras aumentará, y todos los bloqueos serán levantados.

Siéntese - si es posible, manteniendo la espalda recta - en el suelo o en una silla. No te esfuerces. Tus brazos cuelgan con calma y relajación. Respira hondo. Concéntrese en los chakras de las manos, en el centro de las palmas. Durante la siguiente respiración, eleva lentamente los brazos hasta el nivel del pecho. Coordinar los movimientos con la respiración - cuando las manos están a nivel del pecho, completar la respiración. Continúe centrándose en los chacras de las manos.

Antes de exhalar, baje las manos con las palmas de las manos. Mientras exhalas, baja lentamente las manos de nuevo. Al mismo tiempo, su atención se centra en la exhalación; tratar de imaginar que usted controla la 'respiración' en los chakras de las manos cuando bajan.

Los brazos cuelgan de nuevo, relájate, respira normalmente y siente una respiración profunda antes de repetir el ejercicio. Repita todo el procedimiento de tres a cinco veces. Si claramente sientes calor, temblores agradables o sientes vibración, sabe que esto está fluyendo energía.

Ahora, al igual que con los chakras de las manos, trabajamos con los cuatro chakras superiores. Empecemos con el corazón. A medida que inhala, concéntrese en este chakra y lentamente levante las manos, como en el ejercicio anterior. Bajando los brazos mientras exhalas, dirige la energía al chakra del corazón. Repita este ejercicio de tres a cinco veces. Cuando el flujo de energía se libere, te sentirás caliente en el área del pecho, y tus emociones adquirirán un color positivo, incluso si no te sientes tan bien. Tal vez usted tendrá la capacidad de distinguir los colores. Cuando el chakra del corazón está abierto, predomina el verde.

Con el resto de los chakras - la garganta, frontal y parietal - hacemos lo mismo. En la inspiración, nos centramos en el chakra y, en la exhalación, controlamos su energía. Es muy importante coordinar la respiración y los movimientos de las manos: por lo tanto, se mantiene el enfoque, la armonía y el flujo de energía.

EJERCICIO 4

Fortalecer el flujo de energía a través de la visualización.

Los ejercicios de visualización pueden causar ciertos problemas en algunas personas; se preguntan a sí mismos lo que la imaginación por sí sola puede dar. Pero el pensamiento imaginativo es en realidad una manera de pensar; no es, por supuesto, el pensamiento lineal y lógico - en palabras, pero es holístico. 'Imaginando', pensamos en imágenes integrales e incluso podemos cambiar algo en nuestro cuerpo, en nuestra vida emocional y en nuestro subconsciente.

Siéntese y cierre los ojos y permanezca en esa posición. Si lo desea, puede realizar este ejercicio acostado (o de pie). Lo único importante es que estás relajado.

Respirando tranquilamente, relajado, imagina que hay una bola blanca luminosa por encima de tu cabeza (más precisamente, por encima del chakra de la corona). Mientras inhalas, sostiene esta bola de energía y mientras exhalas, imagina que estás exhalando el aire gastado, pero la energía en la bola blanca se está acumulando.

Después de hacer ejercicio por un tiempo, y en su imaginación el resplandor de la bola blanca se intensifica, imagine cómo la luz de ella se precipita a su corona en el chakra de la corona. En este caso, se mejora aún más la luz y se hace cristalina. En el proceso de respiración, seguir transmitiendo energía a la bola de luz pura. Cuando inhalas, obtienes energía pura de la vida, cuando exhalas, regalas energía 'contaminada'.

Habiendo sentido que la energía ya está suficientemente purificada, puede bajar la bola luminosa al nivel del centro de la frente, al chakra frontal. En este caso, el resplandor se vuelve púrpura. Una vez más, al inhalar, te proporcionas energía pura de la vida, y a la exhalación, te des haces de la energía "contaminada".

Bajar la bola luminosa aún más bajo, al nivel de la laringe, y luego el chakra de la garganta recibirá luz. A medida que te acerques a él, el resplandor se volverá azul cielo. Será fácil respirar y experimentarás una agradable sensación de calor en la garganta. En la inhalación, el azul se engrosa, y al exhalar, se vuelve más transparente.

Ahora baje la pelota al chacra del corazón, donde el color azul cambia a verde esmeralda. La luz se espesa de nuevo al inhalarse y se vuelve más clara al exhalar.

Finalmente, agarra la bola luminosa con ambas manos, y volverá a convertirse en un blanco deslumbrante. Inhalando, dirige la luz a tus manos, y cuando exhales, fluirá en la dirección opuesta.

Relajarse. A continuación, repita el ejercicio anterior. ¿Sientes el cambio? ¿Sientes ligereza, calor? ¿Te has vuelto más feliz y sientes una oleada de energía? Este "efecto secundario" se hace sentir en la mayoría de los casos. Si experimentas estas sensaciones, puedes sintonizar libremente el canal Reiki; al mismo tiempo, las maravillosas sensaciones se intensificarán aún más.

Si primero realizó el ejercicio descrito por nosotros, puede suceder que al principio se sienta cansado, o incluso sobrecargado de trabajo. Por lo tanto, antes de repetir el procedimiento, se recomienda pausar para descansar.

EJERCICIO 5

Meditación de punto de luz.

Usando la meditación en el punto de luz, transmitimos un impulso de energía concentrado a los cuatro chakras superiores, haciendo el primer contacto con los meridianos de Reiki. Por supuesto, este no es el escenario en sí. Cuando domines la meditación en el punto de luz, estarás listo para la curación con la ayuda de la imposición de manos. Para que su canal esté abierto durante mucho tiempo y esté protegido de forma fiable de la energía negativa, sin duda necesitará un fuerte enfoque en este proceso en sí.

La meditación en el punto de luz te preparará para el "llenado" de Reiki, pero, sobre todo, dicha meditación es una preparación directa para el ajuste de correspondencia.

Con la ayuda de los ejercicios anteriores, ya has aprendido a visualizar la luz y aumentar la energía de los chakras. En principio, la meditación en un punto de luz es similar. Pero la luz que debes visualizar tiene una naturaleza diferente. La energía de la luz se enfoca para que aparezca un deslumbrante punto brillante. 'Blindingly brillante' son, sin embargo, sólo palabras: el punto de luz visualizado será tan poderoso que cerrará involuntariamente los ojos (naturalmente, usted no debe tener miedo por su chakra, ya que toda la energía se dirige a su cerebro). No importa si este ejercicio es fácil o difícil - puedes rechazarlo porque ya puedes imaginar cómo las fuerzas más altas te penetran. De hecho, la meditación en un punto de luz es posible para todos, especialmente para aquellos que han completado todos los ejercicios anteriores.

Puede que no sepas por dónde empezar. Elige una hora antes de ir a la cama. Cierra los ojos, relájate y verás una neblina gris oscuro, o ciertas imágenes, mientras que la niebla y el gris se pueden superar con la ayuda de colores claros. Trate de llevarlos a sus representaciones mentales.

Hay muchas maneras de meditar en un punto de luz. Las personas con el don de la imaginación pueden imaginar la radiación láser, y la visualización deseada estará lista. Sin embargo, para la mayoría esto plantea una cierta dificultad. Otras visualizaciones se pueden utilizar, por ejemplo, lo siguiente:

1. Imagina en una neblina gris niebla un punto de cierto color, centra toda tu atención en él y 'aprieta'

2. Imagínate cómo esta mota de color 'despega'. ¡Es muy importante que realmente tengas estas imágenes!

Pero eso no es todo. Puede tomar algún tiempo antes de ver un punto luminoso. Algunos le preguntarán cómo puede ayudarse a sí mismo aquí. ¿Brillará este punto? Te aseguramos: si al menos una vez que intentas visualizar un punto de luz, ¡tendrás éxito! La percepción de las imágenes en color, por supuesto, es diferente. Otra característica del punto de luz visualizado, independientemente del color que sea, es que activa tus sentidos. Una reacción típica después de una meditación exitosa en un punto de luz es una sorpresa con la belleza y el brillo de la percepción del color.

Para un futuro cercano, debe ser paciente. Después de unas semanas (durante las cuales 'entrenará' 5-10 minutos cada noche antes de ir a la cama) usted será capaz de visualizar el punto de luz mucho mejor. Hasta ahora, hemos hablado poco de color. Cuando pueda visualizar, puede comenzar a centrarse en el verde, azul, púrpura y blanco en la secuencia especificada. El objetivo del ejercicio es entrenar su capacidad para representar todos los colores a su vez durante varios segundos.

Algunos comentarios más interesantes sobre la meditación en el punto de luz con respecto al curso de este proceso en el cerebro incluyen los siguientes. El deslumbrante brillo del punto de luz muestra que todas las barreras de tu mente han sido superadas. Podemos decir que la visualización del punto de luz ocurre directamente en el cerebro. Por lo tanto, los colores son increíbles y vibrantes. ¡La meditación en el punto de luz nos conecta con la 'conciencia durmiente' - pero esta sigue siendo nuestra conciencia! El cerebro cambia a otro plano. Por lo tanto, es muy posible —si meditas en un punto de luz por las noches mientras te acuestas en la cama— que te quedes dormido durante el ejercicio (este es un efecto secundario maravilloso). ¡Otra forma de meditación en un punto de luz puede funcionar con enfermedades graves, lo que una vez más demuestra el poder curativo de esta meditación y Reiki!

TODO O NADA

Después de haber recibido el primer paso, un estudiante de Reiki pasa por una franja de dicha y se deshace de la primera capa superficial de enfermedades y problemas. Hay calma y confianza. El fondo general de la vida se vuelve más brillante y más favorable. Hay euforia desde los primeros éxitos.

Muchos se detienen en esto, nunca aprendiendo toda la verdad sobre sí mismos. Existe la ilusión de que todo lo que es necesario ya se ha logrado. Pero si un estudiante quiere ir más allá entregándose Reiki, recibe una nueva franja de problemas y dolores, lo que indica el paso de capas más profundas que no se vieron afectadas durante la primera aplicación de Reiki.

Al limpiar estas capas, a menudo tenemos síntomas muy similares a los de las enfermedades físicas. Esto se deriva del hecho de que incluso los problemas que 'derrotan' a cuerpos delgados, cuando se eliminan y limpian como toxinas, se liberan a través de un cuerpo físico denso. Este último siempre sirve como espejo y filtro de este proceso. El barro delgado, por así decirlo, es forzado a través de la cáscara física. Y en este momento, externamente, la limpieza puede parecer una erupción, o incluso hervir, o como un resfriado. Pero este proceso ya no es una enfermedad, es un proceso de liberación.

A menudo, el estudiante no está listo para aceptar todas las consecuencias de la profundización. Después de haber tomado una decisión mental, cree que realmente quiere ir más profundo. De hecho, un estudiante de este tipo está involucrado en una forma de autoengaño. Le gustaría 'mejorar', pero poner sus manos sobre él ... Y entonces comienza a quejarse de las dificultades del camino. Pierde el corazón o los retiros. E incluso culpa a Reiki por sus "problemas".

Es mejor desde el principio entender que Reiki sólo da a todos lo que él mismo está de acuerdo con, que él mismo invitó. Si no queremos algo, Reiki no dará energía por esto. Por lo tanto, todas nuestras dificultades son lo que nos causamos a nosotros mismos. No sirve de nada culpar a Reiki. Anota todos tus deseos en papel, ponlo en una caja (¡sólo que no debe estar hecho de metal! - absorbe energía en sí mismo), pon fotos tuyas y seres queridos a quienes quieras enviar energía también. Todo esto se puede hacer de inmediato en una sesión - todos los deseos de todas estas personas, muy conveniente y económicamente en el tiempo)

Revise periódicamente las notas, sustitúyalas por las más relevantes. y prepárate para un Milagro!

Capítulo 8: Uso de Reiki en ti mismo

Con el fin de realizar Reiki en sí mismo, es necesario poner las manos en el orden indicado.

Para realizar posiciones de difícil acceso, por ejemplo, en la espalda, debe poner las manos cerca e imaginar que 'las manos están en la posición correcta'. La energía de Reiki irá al lugar en el que estás pensando. Reiki puede pasar instantáneamente a través de cualquiera de las manos puestas en, o a través de la comprensión de que la curación de Reiki se dirige a una posición específica.

El tiempo para transferir la energía de Reiki a las posiciones principales para aquellos que completaron la primera etapa es básicamente de cinco minutos (60 minutos en total para todas las etapas). Se ha establecido experimentalmente que este período de tiempo es más eficaz. Sin embargo, puededeterminar el tiempo adecuado para usted, ya que depende de las habilidades individuales.

Después de haber enviado Reiki a todas las posiciones principales, poner las manos en los puntos doloridos. Si no tiene suficiente tiempo, ponga las manos en el punto doloridos inmediatamente después de dirigir la energía al área de la cabeza. No hay un período de tiempo establecido para esto. Las manos generalmente se extirpan después de tener una sensación de curación o alivio (una sensación de algún efecto).

Imagine que el tratamiento es muy fácil y siente que puedes realizarlo fácilmente en cualquier momento y en cualquier lugar. Usted puede obtener algo de exposición incluso después de la curación por tan sólo cinco minutos en una posición si usted tiene prisa. Y aunque para establecer una armonía completa es necesario cumplir con todas las posiciones principales del tratamiento de Reiki a la vez, se les permite realizar por separado en diferentes momentos. Realizar el tratamiento diario ayuda a sanar la mente y el cuerpo, aliviar el estrés innecesario y aumentar su espiritualidad.

Las posiciones estándar de las manos se utilizan no sólo para tratar a los pacientes, sino también para la auto-curación. Al mismo tiempo, en la posición sobre los hombros, no se puede cruzar los brazos, cada palma descansa de lado. Un brazo fantasma se utiliza para tratar áreas de difícil acceso en la parte posterior. Un fantasma se destaca del brazo físico en que simplemente "sabemos" que nuestro brazo se encuentra en la parte derecha del cuerpo. El flujo de Reiki se sentirá tanto en la posición del brazo fantasma como en la palma del brazo físico, cuyo fantasma se utiliza para el tratamiento. No se olvide de "tomar" el fantasma de su mano - sólo tirando de ella en la mano física con intención.

Asegúrese de ponerse a tierra al final de la auto-curación. Para aquellos que todavía están luchando para doblarse a sus pies, se puede utilizar el área de la pierna inferior delantera por debajo de la rodilla a la tierra, sólo entender lo que se debe hacer.

Posiciones de mano para la curación

Posiciones estándar de la mano:

- Dos palmas en los huesos parietales, no cerrando la línea mediana y Sahasrara

- Dos palmas en los huesos temporales (que cubren las orejas)

- Dos palmas en el hueso occipital (apoya la parte posterior de la cabeza)

- La mano izquierda en la parte posterior de la cabeza frente a Ajna (6o chakra) (o centro de la frente), la derecha en la parte delantera de la cabeza

- Dejada detrás del cuello. Justo en frente del cuello. (Vishuddha (5o chakra), medio del cuello)

- Manos sobre los hombros (esta es una posición muy tambaleante para llenar todo el cuerpo con energía Reiki)

- Manos en el área de Anahata (4o chakra)

- Manos en la zona de Manipura (3er chakra)

- Manos en el área de Swadhisthana (2o chakra)

- Manos en la zona de Muladhara (1er chakra) (tratamiento con el toque de una mano 'fantasma' o exposición alterna con la mano derecha a través de la rodilla derecha e izquierda a la mano izquierda en el sacro es posible)

Puedes mover las manos por todo el cuerpo. Las zonas con un desequilibrio energético absorberán mucha potencia, se sentirán frías o resistirán. El área curada está llena de luz y calor y en sí te traerá Reiki.

Posiciones adicionales de la mano:

- Manos en el área de los pulmones desde 2 lados de la columna vertebral desde la espalda

- Manos en el área de los riñones desde 2 lados de la columna vertebral de la espalda

- Manos en la zona de los huesos pélvicos desde 2 lados del sacro desde la espalda

- Manos en el ápice de los pulmones, debajo de la clavícula de 2 lados del esternón

- Manos en el área del hígado y el páncreas en el diafragma de 2 lados en la superficie frontal

- Manos en el abdomen desde 2 lados del ombligo

- Asegúrese de castigar al paciente sosteniendo sus manos en la parte posterior de las articulaciones del tobillo

Horario de las sesiones de tratamiento

- Inmediatamente después de sintonizar el nivel de energía 1, es imperativo tratarse durante 21 días

- La realización diaria de una sesión completa de Reiki por ti mismo le proporcionará la liberación del estrés emocional, la paz interior, la resistencia, la sensación de seguridad, la alegría de la vida, la divulgación creativa, la detección de habilidades ocultas, el aumento de la sensibilidad, el desarrollo de la intuición, actitud neutral, comprensiva hacia las personas, reducción o desaparición del dolor y la enfermedad, desarrollo holístico de la personalidad

- Si usted está llevando a cabo sesiones de Reiki a otra persona, entonces la realización de 4-6 sesiones completas primero es eficaz. Después de eso, puede continuar 1-2 veces a la semana

- Si los síntomas son agudos, trate la parte del cuerpo que llama la atención el mayor tiempo posible, varias veces al día. ¡Si los síntomas se propagan a todo el cuerpo (o si la enfermedad es crónica), entonces una sesión completa es útil!

- Si tiene que tratar quemaduras, lesiones o enfermedades infecciosas de la piel, mantenga las manos a una distancia de 1-2 palmas de la zona afectada

Cómo llevar a cabo una sesión de Reiki

Para llamar a Reiki, es suficiente doblar las manos en Gassho (gesto de oración) y repetir esto tres veces (en voz alta o a ti mismo): "¡Reiki! ¡Reiki! ¡Reiki! "- para que la energía te oiga y llegue a tu llamada.

Sin embargo, con el fin de enseñar inmediatamente al principiante la actitud correcta hacia las Fuerzas que invocamos, Reiki Masters instruye a sus estudiantes a dirigirse siempre a Reiki y sus Guías personal y conscientemente.

Para ello, varios Másteres ofrecen a sus estudiantes diferentes opciones para acceder a la energía de Reiki. Sin embargo, es importante recordar que no una repetición mecánica de formulaciones memorizadas, sino la sinceridad, el amor, el respeto profundo y la apertura del corazón son la clave de su éxito en el trabajo con cualquier entidad divina, incluyendo la energía de Reiki.

Inicio de una sesión de Reiki:

Abre las palmas para aumentar su sensibilidad, dobla las manos en Gassho (gesto de oración), invoca y saluda respetuosamente la energía de Reiki con estas palabras:

"Aquí y ahora invoco la energía divina de Reiki, los conductores delgados de Reiki, ¡los maestros de Reiki!"

Escucha las sensaciones en tus palmas y siente cómo la energía de Reiki ha respondido a tu llamada y fluyó de tus manos.

En este caso, aparecerá calor adicional en las manos, una sensación de ligero hormigueo, una sensación de una densidad especial de espacio entre las manos o algo más. Estas sensaciones sutiles suelen aparecer en todas las guías de Reiki inmediatamente después de cualquier invocación y son una indicación de que Reiki ha llegado a usted. Si usted está empezando su práctica de Reiki o murmuró la llamada mecánicamente y no sintió ningún cambio en el espacio entre las palmas de las manos, sólo tiene que repetir la llamada con atención concentrada. ¡Escúchate a ti mismo, y sin duda aparecerán sensaciones sutiles!

A continuación, formule su intención o deseo de su cliente.

Si usted está haciendo una sesión de curación de Reiki, su intención podría ser:

"Aquí y ahora os pido, la energía divina de Reiki, os pido... (listar sus guías personales) y usted, Maestros y Guías de Reiki: sanar y armonizar todos (mis) cuerpos y conchas (o aquí está el nombre de su paciente), ¡en todos los niveles y en todos los espacios!

"Aquí y ahora te pido, Reiki Divino, armoniza mi estado emocional, calma mis pensamientos y sentimientos. ¡Dame un sueño saludable!"

"Oh Reiki! ¡Sáldeme de este insoportable dolor de cabeza!"

Sesión de Reiki en sí

Comience una sesión de Reiki con las manos en sí mismo.

Ahora que has invocado la energía de Reiki y sus Guías, y has formulado tu solicitud, puedes poner tus manos sobre tu cuerpo, procediendo directamente a la sesión de Reiki.

Puede llevar a cabo una sesión de forma intuitiva (moviendo las manos, guiada por sus sensaciones internas) o hacer una sesión completa en todas las posiciones, como se describe en el manual. La única regla para todos los casos es la siguiente: permanecer en una posición hasta que sientas que tus manos 'quieren seguir adelante'. Esto será una señal de que esta posición ya ha sido suficientemente desarrollada y llena de Reiki.

Si al principio es difícil para usted rastrear tales sensaciones sutiles o dudar de sí mismo, entonces usted puede trabajar en cada posición de 3 a 5 minutos. Por lo general, este tiempo es suficiente para saturar completamente la energía de cada zona del cuerpo.

Cuando el problema con el que está trabajando es local, por ejemplo, si le duele la cabeza o la espalda, puede hacer una breve sesión de Reiki local en esta área. Tal sesión puede durar de 15 a 20 minutos, después de lo cual, el dolor agudo generalmente desaparece o disminuye. Las enfermedades crónicas requieren una curación más larga, sistemática y completa, que requerirá cambios en su visión del mundo y estilo de vida.

Pero recuerden que, para Reiki, así como para Dios, no hay nada imposible.

Cuando sientas que esta sesión de Reiki está llegando a su fin, o cuando hayas completado con éxito todas las posiciones, sabe que tu trabajo está terminado y puedes agradecer a Reiki.

Antes del final de la sesión, puede 'suavizar' el biocampo de su paciente con varias pasadas de mano ligera de la cabeza a los dedos de los ojos, distribuyendo así la energía transferida. Aunque, esto es opcional, ya que Reiki es razonable, y ella misma irá a donde su presencia será más necesaria.

Apretando las manos sobre el pecho de nuevo en un gesto de oración, agradece la energía de Reiki y todos esos seres divinos que llamaste antes del inicio de la sesión con estas palabras:

"Les agradezco, Reiki Energía, les agradezco (listar sus guías personales), les agradezco, Maestros y Guías de Reiki por una sesión de auto-curación exitosa (o algo más que usted pidió).

Finalización de la Sesión de Reiki

Después de que la sesión de Reiki se haya completado, especialmente si hiciste la sesión de contacto de Reiki a otra persona, necesitas limpiarte las manos y todos tus bio-campo de energías que son ajenas a ti. Y también, para equilibrar los flujos de energía descendentes y ascendentes. Para esto:

Lávese las palmas de las manos tres veces con agua fría, visualizando cómo el agua penetra en sus manos, llevando con usted toda la energía de su cliente que es ajena a usted.

Si no hay agua cerca, puedes usar el fuego, imaginando cómo quema todo lo negativo que queda en el biocampo de tus manos. O la tierra, poniendo le relabiendo y visualizando cómo la Madre Tierra te limpia. Como último recurso, usted puede simplemente imaginar cualquiera de los métodos de limpieza propuestos en el plano mental, y también le limpiará. Este procedimiento generalmente no dura más de 1-2 minutos, hasta la sensación característica de "pureza y ligereza" en las palmas de las manos.

Después de eso, proceda a equilibrar los flujos hacia abajo y hacia arriba.

Habiendo resucitado o sentado con una espalda recta, imagina cómo un flujo descendente de energía - una corriente de energía del Cosmos - desciende desde arriba en el infinito arriba hasta tu séptimo chakra. Corre a lo largo de la columna vertebral a través de todo el cuerpo y, dejando el 1o chakra, va al centro mismo de la Tierra. Hacia ella se eleva el flujo ascendente - el flujo de energía de la Tierra. Y, habiendo pasado el camino de retorno, esta corriente deja tu corona y se eleva hacia arriba hasta el infinito. Siéntase un pequeño cordón colgando de estos arroyos, y déles un minuto para armonizar la velocidad de su flujo a través de usted.

Equilibra ambos flujos en tu cuerpo sutil y ponte a tierra.

Luego pídele energía a Reiki para limpiarte completamente de todo lo negativo y aceptar almas reiki.

Imagina cómo una enorme cascada de energía pura de Reiki o una poderosa corriente de su luz lava todo tu cuerpo, todos tus cuerpos sutiles y conchas. Lleva consigo hacia abajo - al centro de la Tierra - todo lo que te contamina. Siente cómo todos tus cuerpos sutiles son limpios y llenos de energía divina. ¿Cómo te llega el estado de gozo, paz y dicha sin causa?

De esta manera se completa todo el proceso de tres etapas de purificación de energía.

Capítulo 9: Uso de Reiki en otros

¿Cómo es una sesión de Reiki?

Una sesión de Reiki dice así: el destinatario está tranquilamente acostado - primero sobre su espalda, luego en su estómago. El practicante de Reiki pone sus manos en una cierta secuencia en varios lugares del cuerpo del receptor.

Hay momentos en que una persona no puede acostarse en una determinada posición - por ejemplo, si es una mujer embarazada. En este caso, la sesión se lleva a cabo en la posición en la que la persona se siente más cómoda - sentada o acostada en un lado.

Cuando haces una sesión de Reiki por ti mismo, colocas tus manos en ciertas áreas de tu cuerpo y observas lo que está sucediendo. Se aconseja dirigir su atención a los lugares que están actualmente bajo las palmas de las manos y sentirlos.

Usted no necesita desvestirse - se puede tomar una sesión de Reiki en la ropa en la que se siente cómodo. Se recomienda aflojar un cinturón o collar apretado.

Si usted está preocupado por tocar el cuerpo directamente, incluso a través de la ropa, se puede utilizar una sábana o una manta - esto también no crea un problema para Reiki. Si usted está recibiendo una sesión de Reiki y no quiere que el practicante toque algunos lugares de su cuerpo - sólo di lo. Estos lugares no serán tocados.

¡Importante! Históricamente, en nuestra cultura, el tacto a menudo se asocia con la intimidad y el sexo. La cultura japonesa difiere en el hecho de que las opiniones se tocan en más de una luz curativa. Una sesión de Reiki es completamente segura sexualmente, pero si todavía tienes preocupaciones de que podrías ser utilizado sexualmente, es posible que debas recurrir a otros métodos de curación.

Algunas personas temen la aparición de excitación involuntaria durante una sesión. Esto debe ser discutido antes de comenzar la sesión; por regla general, esta es una reacción a corto plazo del cuerpo. En la mayoría de los casos, usted no debe tener miedo de esto y centrarse en esto - pasará rápidamente por sí mismo.

Dónde llevar a cabo una sesión

No hay requisitos especiales para la ubicación de la sesión. Lo principal es que sea un lugar tranquilo. Ver la televisión y hacer una sesión de Reiki al mismo tiempo no es recomendable - sólo si usted tiene una gran experiencia en la práctica, se puede mantener su propio cuerpo y eventos en la pantalla de la televisión en mente.

Música relajante, velas, palos de incienso, etc. - estas cosas son opcionales. La eficacia de una sesión de Reiki no depende de su disponibilidad. Pero si quieres que estas cosas sean, déjalas estar.

Duración de la sesión

El tiempo promedio para una sesión de Reiki es de 1-1,5 horas. La duración puede variar dependiendo de circunstancias específicas y bienestar, pero se recomienda que la sesión dure al menos 40 minutos.

¿Cuántas sesiones se necesitan para la curación? Para una mejora tangible, por lo general, diez sesiones de Reiki son suficientes. Sin embargo, para lograr una curación completa, muchas más sesiones pueden ser necesarias. Puede tomar varios meses o incluso un año.

Reiki para niños

Reiki es seguro para los niños. Una sesión de Reiki puede ser hecha incluso por un bebé recién nacido. Reiki puede mejorar el tono general de los bebés, fortaleciendo las defensas del cuerpo. Al mismo tiempo, la duración de la sesión se puede reducir, simplemente porque a los niños les resulta difícil permanecer quietos durante mucho tiempo - quieren jugar y correr. Sin embargo, el cuerpo del niño 'tomará' exactamente tanto Reiki como necesite. Los niños muy pequeños pueden hacer una sesión de Reiki durante el sueño.

Es importante que ambos padres acepten recibir una sesión de Reiki para el niño.

Hay casos frecuentes en los que los niños de 8 a 10 años expresan el deseo de recibir la iniciación de Reiki y hacer sus propias sesiones. Esto es posible si los padres del niño están de acuerdo con esto y están dispuestos a pagar el costo de la iniciación.

Reglas básicas para el uso de las manos

Abre la palma de tu mano y sosténla de forma natural, con los dedos tocándose unos a otros. El pulgar se puede tirar ligeramente hacia un lado. En caso de que desee enviar una corriente débil de energía, debe separar los dedos. Si la zona es muy dolorosa, como una herida abierta, o si la zona es demasiado sensible - para algunos puede ser la zona del corazón - mantenga las manos separadas.

Cuando quieras dirigir Reiki a una amplia zona, pon las manos cerca. Si quieres enviar una fuerte corriente de Reiki, pon tus manos una encima de la otra.

Cuando pones las manos sobre la persona que está siendo curada, no necesitas presionar. Por el contrario, tus manos deben ser ligeras, como una pluma.

Técnica de dos manos:

El tipo universal de distribución de energía implica que la mano izquierda acepta y la derecha da. Para algunas personas (especialmente las mujeres), esta regla puede tener indicadores opuestos. En Reiki, no importa. Use ambas manos completamente. Todo el cuerpo está lleno de energía Reiki a través del lugar donde se ponen las manos.

Técnica de una mano:

Sólo se puede utilizar una mano para el tratamiento. Dependiendo del área que necesite curación, naturalmente puede poner toda su mano o utilizar sólo sus dedos. En el área de órganos emparejados, por ejemplo, pulmones, riñones, oídos y ojos, tratan de utilizar ambas manos, ya que se sabe que, en caso de enfermedad de un órgano, el segundo asume su carga.

Gedoku-Ho - Técnica de desintoxicación:

La palabra japonesa *doc* significa "veneno" o "toxinas" y la palabra ge significa "conclusión". La técnica se utiliza para eliminar las toxinas del cuerpo o del cuerpo del paciente.

Ejecución del equipo:

- Intensificar los tres Tan Tien

- Coloque una mano en el tanden y la otra en la parte posterior. Sostén tus manos durante trece minutos hasta que imagines que todas las toxinas han salido del cuerpo del paciente. Sería mejor si le pides al paciente que haga lo mismo

- Se puede imaginar que las toxinas dejan el cuerpo del paciente a través de las plantas de los pies, en el suelo. No te preocupes por envenenar la Tierra. La tierra convierte fácilmente la energía en alimento que da vida

Hanshin Koketsu-Ho - Técnica de purificación de sangre:

La palabra japonesa *hanshin* significa "la mitad del cuerpo" y la palabra coquets se puede traducir como "purificación de sangre". La técnica se utiliza para devolver al paciente al planeta Tierra después de la curación. También es útil para clientes con discapacidades mentales.

Ejecución del equipo:

- Activar los tres centros de energía

- Pida al cliente que se ponga de pie con la espalda y doble las rodillas ligeramente. Equilibre al cliente colocando su mano izquierda sobre su hombro

- Limpie al cliente de atrás

- Instrucciones para los movimientos de limpieza: Coloque la mano izquierda sobre el hombro izquierdo del paciente. Con la mano derecha, hacer movimientos desde el hombro izquierdo a la nalga derecha, desde el hombro derecho hasta el glúteo izquierdo - 15 veces.

Hizo Shiryo - Técnica de Sanación del Navel:

La palabra japonesa *hizo* significa ombligo y la palabra shiro significa cura.

Ejecución del equipo:

- Activar los tres centros de energía

- Coloque un dedo medio ligeramente doblado en el ombligo y presione suavemente hacia abajo hasta que sienta un pulso. No trate de encontrar el pulso de la arteria abdominal profundamente en el abdomen. Sólo intenta sentir el pulso de energía, que puedes detectar cuando tocas el ombligo con una presión suave. Una vez que encuentre el pulso, está listo para comenzar el ejercicio

- Permita que la energía del Universo (Reiki) fluya a través del dedo medio en su ombligo hasta que sienta que su pulso y energía están en armonía. Haz esto durante cinco a diez minutos. La técnica se puede aplicar al paciente, pero por favor hágaselo muy, muy suavemente. En primer lugar, asegúrese de que al paciente no le importe que toque su ombligo

- Retire lentamente y suavemente el dedo del ombligo

- Gassho. Deja que los ojos se abran

Seyheki Shirou - Técnica de Sanación de Hábitos:

La palabra japonesa *seicheki* significa "hábito" y la palabra shiro significa "tratamiento". Una técnica utilizada para curar hábitos. Especialmente aquellos a los que llamamos "malos" hábitos.

Si estás trabajando contigo mismo, compone afirmaciones (intenciones claramente articuladas). Si usted está trabajando con un paciente, ayúdelo a hacer una afirmación. Recuerde que la afirmación debe ser corta, precisa y positiva. Debe estar compuesto en el tiempo presente y en las palabras de la persona que lo utiliza en su lengua materna. Además, recuerde que no debe limitar nada.

Para entender lo que una persona realmente quiere en la vida, necesitas tiempo. Nuestros deseos a menudo tienen un significado más profundo, que no siempre es obvio al principio de la aproximación.

Instrucciones de implementación:

- Activar los tres centros de energía

- Coloque una mano no dominante (por ejemplo, la izquierda, si la mano de trabajo está derecha) en la frente del paciente (o en la frente) y la mano dominante en la parte posterior de la cabeza. Sostén tus manos durante unos tres minutos mientras repites intensamente la afirmación en tu mente. Entonces, deja de pensar en la afirmación, quita la mano no dominante de la frente, y simplemente da a Reiki al paciente la mano dominante, sosteniéndola en la parte posterior de la cabeza

- Gassho - La nueva A

El Dr. Usui supuestamente utilizó los cinco principios de Reiki y los versos del emperador Meiji en esta técnica. En lugar de afirmaciones, repitió los principios, tocando la frente y el cuello del paciente.

Capítulo 10: Sanación física

La siguiente es una descripción de las posiciones de las manos mientras se tratan diferentes enfermedades. Coloque las manos sobre las partes del cuerpo indicadas, mientras envía la energía directamente allí.

Estas son algunas de las principales técnicas:

- TANDEN es un centro de energía situado entre la parte superior del hueso púbico y el ombligo

- TANDEN-CHIRYO – técnica para la desintoxicación. Coloque una mano sobre el tanden y la otra en la parte posterior en el mismo nivel. Sostenga las manos hasta que sienta que se logra el efecto. Dobla las palmas de las manos en Gassho. La sanación de Tanden se utiliza como la técnica principal para crear energía. Esta técnica también puede aumentar la fuerza de voluntad - tanto la suya como la de su paciente

- GENETSU-HO: una técnica para bajar la temperatura corporal - la frente a lo largo de la línea del cabello, las sienes y la parte superior de la cabeza, la parte posterior del cuello, la garganta, la corona, el estómago y los intestinos. En este caso, el trabajo principal se lleva a cabo en la cabeza

- BOGEN CHIRYO: tratamiento de la causa de la enfermedad - frente a lo largo de la línea del cabello, sienes y la parte superior de la cabeza, nuca, parte posterior del cuello, garganta, corona, estómago e intestinos. En este caso, el trabajo principal se lleva a cabo en la cabeza

- HANSHIN CHIRYO: una técnica para el tratamiento de la mitad del cuerpo - músculos, tendones de la parte posterior del cuello, hombros, columna vertebral, muslos, nalgas

- GEDOKU-HO: otra técnica de desintoxicación. Mantenga las manos en la posición de TANDEN CHIRYO durante 13 minutos, imaginando cómo se eliminan todas las toxinas del cuerpo

Para el tratamiento de diferentes partes del cuerpo, aquí está la lista general de lugares donde debe poner sus manos:

Ubicaciones generales de las manos

UBICACION DE LA AILMENT	POSICIÓN DE LA MANO
Zona de cabeza	Frente, a lo largo de la línea del cabello/templos y parte superior de la cabeza/parte posterior del cuello/garganta/corona/estómago/intestinos
Ojos	Ojos, puntos entre la nariz y los ojos/entre los ojos y las sienes/vértebras cervicales 1 - 3
Nariz	Hueso nasal/alas de la nariz, entre las cejas/parte posterior del cuello/garganta/vértebras cervicales 1–3
Oídos	Canal auditivo/Anterior y posterior al oído/Primera vértebra cervical
Boca	Al tratar la boca, los labios no se tocan. Los dedos índice y medio se utilizan
Garganta	Manzana de Adán, parte posterior del cuello,

	garganta
Pulmones	Zona pulmonar, el área entre los omóplatos, las vértebras torácicas de la segunda a la sexta
Corazón	Zona cardíaca, vértebras cervicales 5-7, vértebras torácicas 1-5
Hígado	Zona hepática, vértebras torácicas 8 - 10 especialmente a la derecha
Estómago	Estómago, vértebras torácicas 4, 6 - 10
Bien	Las partes superior y lateral del colon, el área del intestino delgado (alrededor del ombligo), las vértebras torácicas 6-10, las vértebras lumbares 2-5, las nalgas
Vejiga	Zona de la vejiga, vértebras lumbares 4 - 5
Útero	Zona del útero, ovarios en ambos lados, vértebras torácicas 9-12, vértebras lumbares 1-5, sacro y coxis

Ubicaciones de manos para trastornos funcionales del sistema nervioso

ANEMIA CEREBRAL:

Zona de la cabeza, estómago e intestinos, corazón

HEMORRAGIA CEREBRAL:

Zona de la cabeza, principalmente el lado afectado, estómago e intestinos, corazón, riñones, lado paralizado

Meningitis:

Zona de la cabeza, estómago e intestinos, corazón

Encefalitis:

Zona de la cabeza, estómago e intestinos, corazón

Jaquecas:

Zona de cabeza, especialmente templos. El Dr. Usui recomendó sostener las manos allí hasta que el dolor desaparezca

Insomnio:

Zona de la cabeza, especialmente la parte posterior de la cabeza

Epilepsia:

Zona de la cabeza, estómago e intestinos

Corea:

Zona de la cabeza, corazón, áreas afectadas del cuerpo, palmas, suelas, técnica Hanshin Chiryo

ENFERMEDAD DE GRAVES:

Zona de la cabeza, ojos, glándula tiroides, corazón, genitales y la técnica Hanshin Chiryo

Neuralgia:

Zona de la cabeza, estómago y áreas afectadas del cuerpo

Parálisis:

Zona de la cabeza, estómago e intestinos (con el fin de regular el movimiento intestinal), áreas afectadas del cuerpo

Hipo:

Diafragma, frente, vértebras cervicales 3-5

Laringitis:

Frente, sienes, especialmente a la izquierda, área de la garganta

Ubicaciones de manos para trastornos respiratorios funcionales

Bronquitis:

Bronquios, tráquea, garganta

Traqueítis:

Bronquios, tráquea, garganta

Tos:

Garganta, área torácica

Asma:

Zona de la cabeza, área del pecho, debajo del esternón, garganta, nariz, corazón

Tuberculosis:

Zona de la cabeza, partes afectadas de los pulmones, estómago e intestinos, corazón, técnica Tanden

Pleuresía:

Zona de la cabeza, áreas afectadas del cuerpo, estómago e intestinos, técnica Tanden

Neumonía:

Zona de la cabeza, garganta, áreas afectadas, Técnica de dientes

SANGRADO DE NARIZ:

Hueso nasal, alas nasales

Posiciones de las manos para trastornos funcionales digestivos

ENFERMEDADES DEL ESÓFAGO:

Esófago, bajo el esternón, estómago, intestinos.

DOLOR GÁSTRICO:

Zona de la cabeza, bajo el esternón, estómago e intestinos.

Gastritis:

Zona de la cabeza, bajo el esternón, estómago e intestinos

CÁNCER DE ESTÓMAGO:

Zona de la cabeza, bajo el esternón, estómago e intestinos

ULCERO ESTOMACAL:

Zona de la cabeza, bajo el esternón y los intestinos

Enteritis:

Estómago e intestinos

Ulceras INTESTINALES:

Estómago e intestinos

Diarrea:

Estómago e intestinos

Estreñimiento:

Estómago e intestinos

Apendicitis:

La zona afectada, especialmente a la derecha del ombligo, el área de la cabeza, el estómago y los intestinos

PARASES INTESTINALES:

Zona de la cabeza, estómago e intestinos

Hemorroides:

Zona del Ano

Peritonitis:

Zona de la cabeza, área afectada del cuerpo, técnica Tanden

Hepatitis:

Zona de la cabeza, estómago e intestinos, hígado, corazón

Cálculos biliares:

El hígado, especialmente la zona afectada, el estómago y los intestinos

HERNIAINGAL:

Zona afectada del cuerpo, región abdominal (genitales)

Ubicaciones de manos para trastornos funcionales del sistema cardiovascular

INFLAMACIÓN MIOCARDIAL:

Zona de la cabeza, corazón, hígado, riñones, vejiga

INFLAMACIÓN DE LA MEMBRANA DEL CORAZÓN:

Corazón

Edema:

Corazón, hígado, riñones, vejiga

Arteriosclerosis:

Zona de la cabeza, corazón, riñones, estómago e intestinos, técnica Tanden

PRESIÓN CRÓNICA ALTA DE LA SANGRE:

Zona de la cabeza, corazón, riñones, estómago e intestinos, técnica Tanden

PECTORIS DE ANGINA:

Zona de la cabeza, corazón, estómago, intestinos, área afectada del cuerpo

Ubicaciones de manos para trastornos metabólicos funcionales y de la sangre

Anemia:

Técnica Bogen Chiryo, cabeza, corazón, riñones, estómago e intestinos, técnica Hanshin Chiryo

Púrpura:

Zona de la cabeza, corazón, riñones, estómago e intestinos, erupción cutánea, técnica de Tanden

Diabetes:

Zona de la cabeza, corazón, hígado, páncreas, estómago e intestinos, riñones, vejiga (técnica Deshin Chiryo, frotar la columna vertebral de abajo hacia arriba)

Obesidad:

Corazón, riñones, estómago e intestinos, técnica Hanshin Chiryo

SHOCK DE CALOR:

Zona de la cabeza, corazón, pecho, estómago e intestinos, riñones, técnica Tanden

Trastornos funcionales genitourinarios

Nefritis:

Riñón, corazón, vejiga, estómago e intestinos.

Pielitis:

Técnica de riñón, vejiga, tanden

Piedras Riñón:

Riñón, estómago, intestinos, vejiga, áreas dolorosas del cuerpo

Uremia:

Zona de la cabeza, ojos, estómago, intestinos, corazón, riñones, vejiga, técnica Tanden

Cistitis:

Riñón, vejiga

Piedras EN LA VEJIGA:

Riñón, vejiga, área donde se encuentra el dolor

Enuresis:

Zona de la cabeza (especialmente la parte superior), vejiga, riñones

DIFICULTA EN Orinar:

Riñón, vejiga, uréter

Heridas de cirugía y trastornos funcionales de la piel

Heridas:

Zonas afectadas del cuerpo

Moretones:

Zonas afectadas del cuerpo

INFLAMACIÓN DE LOS NÓDULOS LINFÁTICOS:

Zonas afectadas del cuerpo, técnica Tanden

FRACTURAS Hueso:

Zonas afectadas del cuerpo

Miositis:

Zonas afectadas del cuerpo, técnica Tanden

Osteítis:

Zonas afectadas del cuerpo, técnica Tanden

Artritis:

Zonas afectadas del cuerpo, técnica Tanden

Reumatismo:

Región de la cabeza, áreas donde está el dolor, estómago, intestinos

Escoliosis:

Zonas afectadas del cuerpo

Colmenas:

Estómago, intestinos, técnica Deanden, áreas afectadas del cuerpo

Erupción DE PIEL:

Técnica Tanden, áreas afectadas del cuerpo

Enfermedades ginecológicas

ENFERMEDADES UTERINAS:

Zona del útero

NÁUSEAS DE LA MATUTINAMENTE EN EL EMBARAZO:

Cabeza, útero, estómago, intestinos, bajo el esternón

ENFERMEDADES DE LOS Senos:

Glándulas mamarias

Capítulo 11: Sanación mental, emocional y espiritual

La gente a veces se pregunta, ¿qué se debe curar primero, en cuerpo o alma? Vamos a verlo de esta manera: el cuerpo es la prenda del alma. El alma es el amo. Entonces, ¿qué debemos hacer primero, tomar una ducha o lavar la ropa? El alma tiene su propia 'suciedad', y el cuerpo tiene su propio. Debido a que el cuerpo está constantemente siendo 'actualizado', sus células mueren y nacen de nuevo. La ropa se ensucia en ambos lados. La parte interior de la ropa está manchada por las secreciones de los poros del sudor, y la parte externa recoge la suciedad de fuentes externas. Si imaginamos que el cuerpo es la ropa de nuestras almas, entonces su parte interna es un reflejo del estado de nuestras almas, y la depresión o la alegría se reflejan en la salud de nuestro cuerpo. La parte exterior refleja lo que comemos, cómo percibimos el mundo que nos rodea, en qué condiciones naturales vivimos, con quién y con qué estamos en contacto. El cuerpo no es diferente de nuestra camisa, ya que la camisa está contaminada en ambos lados, también lo es el cuerpo.

Por lo tanto, si queremos que nuestra ropa esté limpia, entonces el cuerpo también debe estar limpio. Si una persona tiene un alma pura, entonces el cuerpo puede ser fácilmente traído en orden. Si el alma de una persona no es pura, no sincera, si una persona no tiene equilibrio emocional, entonces la agresión nacerá constantemente en el alma, y constantemente destruirá el cuerpo desde el interior.

Las influencias externas también afectarán el estado del cuerpo. Si tratamos sólo el cuerpo, y no tocamos el alma, entonces el cuerpo estará constantemente 'sucio', siempre estará enfermo porque la raíz de todo está dentro. Si sanas el alma y mantienes su estado armonioso, entonces el cuerpo siempre estará en consuelo. Un alma sana no 'contaminará' el cuerpo desde dentro, el cuerpo siempre estará sano.

Tenemos dos "unidades de disco duro" de información. Un 'disco' es nuestra alma, que tiene toda la información sobre todas las reencarnaciones, y la segunda es la memoria de los experimentos en esta vida, desde el momento del nacimiento. Los psicólogos trabajan con esta parte de la memoria. También puede sumergirse en las profundidades de su alma usted mismo con la ayuda de un maestro espiritual y una práctica espiritual. Sanar el alma sana el cuerpo al mismo tiempo. Si el alma no tiene fuerza, entonces no puede curar el cuerpo. Por lo tanto, nuestro llamamiento al Reiki comienza con el hecho de que nos damos las gracias, es decir, esa parte del alma que es inmortal. Entonces damos las gracias a Reiki, y en este momento el Espíritu Santo, es decir, Reiki combinado con el alma. Después de dar las gracias a la persona que llama su nombre, Reiki comienza a sanar el cuerpo con ese nombre.

De hecho, el alma nunca duele. El alma tiene tres capas: mente, conciencia y subconsciente. Algunas personas entrenan su alma para que sea fuerte, y luego la mente, la conciencia y el subconsciente se ajustan al alma. Si la mente es más fuerte, entonces comienza a aplastar el alma, y el alma suprimida será deprimida. Se debe permitir que el alma manifieste sus cualidades; tiene poder divino. No requiere tratamiento. Sólo pide calmar la mente, calmar el subconsciente, los miedos, y entonces el alma misma cuidará del cuerpo. El alma es sabia, lo sabe todo y puede tratar a todos. Siempre y cuando se le dé la oportunidad. El problema es que el alma de la mayoría de la gente es reprimida, no quieren abrir su alma. La gente quiere satisfacer sus almas no con la oración, sino con alcohol, cigarrillos, películas porno, agresión, envidia. La gente siente dolor y se convierte en drogas. El alma llora bajo esta presión. De hecho, el alma simplemente requiere alegría, coraje para abrirse, para reconocerse a sí misma. Es necesario hacer algo por el alma. El alma requiere que alguien cuide, que muestre bondad.

Por lo tanto, antes de tratar a una persona, es necesario cambiar su conciencia. La gente de hoy necesita liberar su conciencia del miedo. Entonces comienzan a pensar positivamente en lo Divino. El alma se manifiesta a través de diversas prácticas divinas. Ni siquiera importa a qué clase de fe se dirige una persona. Cuando el alma se desarrolla, la mente se calmará y el cuerpo automáticamente llegará a la armonía. Tal cuerpo es más fácil de sanar, sólo varias sesiones y el cuerpo es restaurado, lo que significa que el alma ha llegado a sus vibraciones normales. Cualquier persona que tratemos toma la energía a nivel del alma porque Reiki es energía divina. El alma gana fuerza y comienza a sanar cuando damos una sesión de Reiki. El alma gana fuerza, y la persona se cura a sí misma. Es por eso que Reiki se llama el Sistema de Sanación Natural. Reiki activa el potencial natural, está en el alma, el cuerpo y la energía del cuerpo. Reiki sano el cuerpo, el alma y la energía.

La gente a menudo pregunta, si una persona no cree en Dios, y El Reiki es el Espíritu Santo, ¿es posible sanar con Reiki? ¿Y qué clase de fe debe ser una persona que practique Reiki?

En Reiki, el conocimiento se da de tal manera que tanto los creyentes como los no creyentes aceptan esta práctica. Un ateo puede practicar Reiki y obtener buenos resultados, pero también tiene todas las posibilidades de convertirse en creyente, porque su conciencia cambia. Si una persona no cree en Dios, le duele el alma. Después de algún tiempo, cuando una persona practica Reiki, su alma se recupera. Los practicantes de Reiki no cambian su fe. Por lo general, los practicantes experimentan que antes de Reiki su relación con la iglesia y las oraciones era diferente. Después de la Iniciación del Reiki, cambia.

Si estás dispuesto a practicar Reiki, crecerás espiritualmente. El crecimiento espiritual llega automáticamente a aquellos que se hacen más fuertes en la vida con los cinco principios del Reiki.

Obstáculos al crecimiento espiritual

El camino del crecimiento espiritual no es directo. Como en cualquier carretera, a lo largo de este camino encontrará cruces, donde hay que decidir qué dirección tomar a continuación. También puede encontrarse en un callejón sin salida, del que tienes que salir, perdiendo tiempo y energía, también te caerás y te decepcionarás, donde tienes que levantarte de nuevo y reunirte para seguir adelante.

Dentro del entorno de curación de los entornos de Reiki, comienzas a recibir energías vitales con una alta frecuencia de vibración. Y esto significa que su entorno de vibración habitual comenzará a cambiar, es decir, las relaciones con las personas que te rodean, tu percepción del mundo y de ti mismo en el mundo, oculto, que solía ser dicho que 'finja que no están allí', y puede parecer que por un tiempo mal perder el equilibrio y la comodidad emocional. Y si una persona no se da cuenta de qué tipo de proceso es este, podría pensar que Reiki no es una práctica positiva en absoluto. En este caso, usted necesita darse cuenta de que su viejo mundo necesita transformación y la mejor manera de hacer esto es la meditación y el Reiki.

Uno de los principales obstáculos para el crecimiento espiritual de una persona es el ego. El ego es una parte de nosotros que siempre se esfuerza por destacar, necesita reconocimiento, honor, aplausos. Es la parte de nosotros la que grita: "¡Gente! ¡Aquí estoy! ¡Mírame! ¡Mira lo que puedo hacer!", y que al mismo tiempo es vulnerable a la presión externa, como la crítica, la envidia y otros ataques. El ego es la voz de nuestro Ser Inferior, ahogando la voz de nuestra intuición, que es nuestro Ser Superior. Un ego discreto también puede servir como un obstáculo, por ejemplo, cuando una persona no se ama o se valora a sí misma.

Otro obstáculo para el crecimiento espiritual es el materialismo. Se manifiesta en nuestras preferencias de las cosas materiales sobre los valores espirituales.

El crecimiento espiritual no puede suceder si te niegas a asumir la responsabilidad de tu vida. Cuando las personas no se hacen responsables de lo que les sucede en sus vidas, tampoco buscan las causas de sus fracasos dentro de sí mismas, y por lo tanto no pueden lidiar con esas causas. No todo el mundo está listo para asumir la responsabilidad de todo lo que le sucede. De hecho, tal responsabilidad implica acción, y debido a la pereza natural, los temores y los complejos, es mucho más conveniente que muchas personas trasladen la responsabilidad hacia los demás. Por ejemplo, una persona se queja de que no tiene dinero, porque el estado paga poco y todo es caro, pero si le preguntas qué ha hecho para tener más dinero, resulta que en realidad no ha hecho nada. No ha tratado de mejorar sus cualificaciones, o de dominar una nueva profesión, ni ha tratado de encontrar fuentes adicionales de ingresos, porque para ello hay que hacer un esfuerzo.

¿Qué se debe aprender para superar con éxito los obstáculos?

Lo primero que hay que aprender es escuchar tu intuición. La voz de tu corazón siempre te dirá qué opción tomar y qué dirección tomar. Tu intuición es la voz del Espíritu en ti, es tu conexión personal con tu Ser Superior, con el mismo Dios que realmente eres cuando no estás en la encarnación. Por lo tanto, puedes pedir consejo al maestro, pero recuerda que por ti mismo eres el mejor maestro. ¡Siguiendo el camino del crecimiento espiritual, es necesario recordar que eres tú quien va por este camino y no alguien más en lugar de ti! Esto significa que depende sólo de ti dónde terminarás. Y esto ya es una cuestión de responsabilidad por todo lo que te pasa. Debes aprender a asumir toda la responsabilidad por quién eres y cuál es tu vida.

Uno siempre debe recordar que el camino del crecimiento espiritual no es caminar en algún lugar con los pies. Es un viaje dentro de ti mismo. Deberías desarrollar tu mundo interior, deshacerte de los rasgos negativos de los personajes y desarrollar los positivos.

Conclusión

Usted puede decir – todo esto suena bien, pero probablemente también se preguntará "¿Cómo diablos logro todo esto?"

Y a su pregunta, ahora le daré una respuesta simple, pero definitiva, - armarse de paciencia, una intención positiva, y el deseo de la superación personal.

Ves a mi amigo, el crecimiento espiritual no es una meta, sino un proceso. Es un estilo de vida positivo.

No dejes que el miedo te obstaculice, y no dejes que la posibilidad de "fracaso" te atormente o sofoque tu progreso.

Cada gol que vale la pena en la vida siempre parece una montaña insuperable. Pero la verdad es que, al igual que cualquier montaña, tus objetivos también pueden ser conquistados.

La clave es no centrarse en el objetivo, sino en el viaje. Debes entender que el verdadero premio reside dentro de quién te conviertes en el camino hacia tus deseos, en lugar de cumplir tus metas.

La vida es un viaje continuo e interminable del alma humana. Sin embargo, el crecimiento no es automático, ni es un don que se nos otorga por defecto.

No, el crecimiento y el desarrollo personal no son elogios y dones raros, son premios que otorgan por el Universo a aquellos que están dispuestos a escapar de sus zonas de confort, y alcanzan cosas que parecen fuera de su alcance.

Mi desafío para ustedes es ser una de esas personas, los inconformistas, los valientes, aquellos que se niegan a conformarse con una vida menos ordinaria.

Y, en conclusión, me gustaría citar las palabras de un maestro que vive en la India, Vatara Sathya Sai Baba. Dijo algo como esto: "La diferencia entre tú y yo es que sé que soy Dios, y no sabes que tú también eres Dios". Cada uno de nosotros es parte del Creador Cósmico Supremo, y por lo tanto un Co-Creador en el marco de nuestra competencia. Nuestra tarea y competencia más importante es nosotros mismos y nuestra vida. Esto es lo que debemos crear para nosotros mismos. Reiki es una gran herramienta para ayudarnos a recordar que también somos dioses, ¡y empezar a construirnos a nosotros mismos y a nuestras vidas!

Referencias

De Dan, Rose. (2008) Colas de un sanador: Animales, Reiki y chamanismo

Keyes, Raven. (2012) El poder sanador de Reiki: Un enfoque de maestro moderno para el bienestar emocional, espiritual y físico.

Steine, Diane. (2007) Manual de Enseñanza de Reiki Esencial.

CPSIA information can be obtained
at www.ICGtesting.com
Printed in the USA
BVHW061244080321
601998BV00010B/1012